国网浙江省电力有限公司
电力专业技术人员
职称确认手册

国网浙江省电力有限公司金华供电公司　编

中国电力出版社

CHINA ELECTRIC POWER PRESS

图书在版编目（CIP）数据

国网浙江省电力有限公司电力专业技术人员职称确认手册：2024年版 / 国网浙江省电力有限公司金华供电公司编. -- 北京：中国电力出版社，2024.12. -- ISBN 978-7-5198-9070-4

Ⅰ.F426.61-62

中国国家版本馆CIP数据核字第2024QR2523号

出版发行：中国电力出版社
地　　址：北京市东城区北京站西街19号（邮政编码100005）
网　　址：http://www.cepp.sgcc.com.cn
责任编辑：雍志娟
责任校对：黄　蓓　于　维
装帧设计：郝晓燕
责任印制：石　雷

印　　刷：三河市航远印刷有限公司
版　　次：2024年12月第一版
印　　次：2024年12月北京第一次印刷
开　　本：710毫米×1000毫米　16开本
印　　张：13
字　　数：172千字
印　　数：0001—1000册
定　　价：100.00元

国网浙江省电力有限公司电力专业技术人员职称确认手册

（2024 年版）

编 委 会

主　编　金　莹

副主编　朱维新　俞勤政　朱　虹　陈文胜　杜文佳

成　员　杨　帆　郎少先　楼　坚　何思含　姜　妮

　　　　孙光旭　程　烨　胡展敏　薛锋满　徐文浩

　　　　张　艳　蔡云青　陈佳睿

前　言

　　职称评审是指对职业人员的职称进行评定和认定的一种制度。职称评审对企业的意义非常重大，它不仅可以提高企业的整体素质和竞争力，还可以激励员工的积极性和创造性，促进企业的发展和进步。通过职称评审，企业可以筛选出具有专业知识和技能的高素质人才，这些人才不仅能够为企业带来更高的效益和利润，还能够提高企业的整体竞争力和市场占有率。同时，职称评审是一种对员工能力和业绩的认可和肯定，它可以激励员工不断学习和提高自己的专业技能，增强员工的自信心和责任感，提高员工的工作积极性和创造性。

　　因此，为进一步提升公司职称评审工作管理规范，提高公司广大职工职称评审工作开展的及时性和有效性，公司组织专业人员编写了电力政工专业职称评审申报指导手册，手册从不同职称等级申报原则、申报资格、评审方式、评审流程、职称考试、系统操作说明等方面进行了详细整理。

　　本指导手册在编写和审核过程中，得到公司相关人员的大力支持，在此深表感谢！鉴于编写人员水平和时间有限，难免有疏漏、不妥或错误之处，恳请大家批评指正，以便不断修订完善。若内容与上级发布的最新规程、规定有不符之处，应以上级最新的规程或规定为准。

目　录

第一章

确 认 原 则

国网公司具备评审权的职称系列，申报者需参加国网公司统一评定；国网公司授权外的职称系列，通过委托评审、参加国家统一考试等方式取得的，各单位履行确认程序。

国网公司系统目前可评审 8 个系列：

1. 工程系列：正高级、副高级、中级

2. 经济系列：正高级、副高级

3. 会计系列：正高级、副高级

4. 技工院校教师系列：正高级、副高级、中级

5. 档案系列：正高级、副高级、中级

6. 卫生系列：正高级、副高级

7. 新闻系列：正高级、副高级、中级

8. 政工系列：副高级、中级

根据国家职称制度深化改革需要，人力资源社会保障部对部分专业系列、职称级别实行"以考代评"或"考评结合"评定制度：

1. 经济、会计、卫生、统计、审计、出版、翻译系列初、中级职称实行"以考代评"，一律参加各地方政府组织的全国专业技术人员专业技术资格（执业或职业资格）考试取得。

2. 高级审计师、高级统计师实行考、评结合（即考试和评审）的方式进行评定。申报者需参加由各省级地方政府有关部门组织的高级审计师

或高级统计师的考试和评审，其结果需由申报者所属省公司级单位进行确认。

部分参加地方评审（考试）取得职称系列、分支专业以及名称如下：

职称系列	分支专业	职称名称	
会计	/	中级	会计师
		初级	助理会计师
经济	工商管理	中级 初级	经济师（××分支专业） 助理经济师（××分支专业）
	农业经济		
	财政税收		
	金融		
	保险		
	运输经济		
	旅游经济		
	建筑与房地产经济		
	人力资源管理	中级	人力资源管理师
		初级	助理人力资源管理师
	知识产权	中级	知识产权师
		初级	助理知识产权师
统计	/	副高级	高级统计师
		中级	统计师
		初级	助理统计师
审计	/	副高级	高级审计师
		中级	审计师
		初级	助理审计师
卫生	医疗	中级	主治（主管）医师
		初（师）级	医师
		初（士）级	医士

续表

职称系列	分支专业	职称名称	
卫生	药学	中级	主管药师
		初（师）级	药师
		初（士）级	药士
	护理	中级	主管护师
		初（师）级	护师
		初（士）级	护士
	技术	中级	主管技师
		初（师）级	技师
		初（士）级	技士
出版	/	中级	编辑
		初级	助理编辑
翻译	/	中级	二级翻译
		初级	三级翻译

第二章

工 作 职 责

（一）国网人资部职责

1. 贯彻落实国家职称政策，健全国网公司职称管理体系，制定管理制度和评定标准，建立信息管理系统。

2. 组建职称评审委员会，定期向人力资源社会保障部申请评定权限，备案评定结果。

3. 组织开展国网公司职称评定工作。

4. 指导、监督和考核各级单位职称评定工作。

5. 核准各单位中级及以下职称自主评定权限。

（二）省公司级单位人力资源管理部门职责

1. 贯彻落实国家和上级单位职称政策，组织所属单位开展职称申报和材料审核工作。

2. 组建中级及以下职称评审委员会，定期向国网公司申请中级及以下职称评定权限。

3. 组织或委托开展中级及以下职称评定工作，报送评定结果。

4. 指导、监督和考核所属单位职称评定工作。

5. 组织推荐评审专家库人选。

6. 对员工取得的国网公司评审范围外的职称进行确认，或授权所属单位确认。

（三）地市公司级单位人力资源管理部门职责

1. 贯彻落实上级单位职称政策，组织员工开展职称申报工作。
2. 应用职称评定结果。
3. 组织推荐评审专家库人选。
4. 经授权对员工取得的国网公司评审范围外的职称进行确认。
5. 经授权开展初级职称认定工作。

（四）国网人才交流服务中心有限公司
（简称"国网人才中心"）职责

1. 贯彻落实国家和国网公司职称政策，滚动修订年度职称申报规范。
2. 授权实施高级职称评定工作，受托开展中级及以下职称评定工作。
3. 建设管理国网公司评审专家库。
4. 运维国网公司职称评定信息管理系统。
5. 督促指导各单位职称评定工作。
6. 印制、发放与管理职称证书。

第三章

评 价 基 本 标 准

（一）会计系列

1. 基本资格

（1）遵守《中华人民共和国会计法》和国家统一的会计制度等法律法规。

（2）具备良好的职业道德，无严重违反财经纪律的行为。

（3）热爱会计工作，具备相应的会计专业知识和业务技能。

（4）按照要求参加继续教育。

（5）会计人员参加各层级会计人员职称评价,除必须达到上述标准条件外，还应分别具备以下标准条件。

2. 助理会计师

（1）基本掌握会计基础知识和业务技能。

（2）能正确理解并执行财经政策、会计法律法规和规章制度。

（3）能独立处理一个方面或某个重要岗位的会计工作。

（4）具备国家教育部门认可的高中毕业（含高中、中专、职高、技校）以上学历。

3. 会计师

（1）系统掌握会计基础知识和业务技能。

（2）掌握并能正确执行财经政策、会计法律法规和规章制度。

（3）具有扎实的专业判断和分析能力，能独立负责某领域会计工作。

（4）具备博士学位；或具备硕士学位，从事会计工作满 1 年；或具备第二学士学位或研究生班毕业，从事会计工作满 2 年；或具备大学本科学历或学士学位，从事会计工作满 4 年；或具备大学专科学历，从事会计工作满 5 年。

（二）经济系列

1. 基本资格

（1）遵守中华人民共和国宪法和法律法规，贯彻落实党和国家方针政策。

（2）具有良好的职业道德、敬业精神。

（3）热爱本职工作，认真履行岗位职责，按照要求参加继续教育。

（4）经济专业人员申报各层级职称，除必须达到上述基本条件外，还应分别具备以下条件。

2. 助理经济师

（1）具有较系统的经济专业理论知识和业务技能。

（2）能够独立地对专项经济活动进行分析综合，提出建设性的意见。

（3）具备国家教育部门认可的高中毕业（含高中、中专、职高、技校）

以上学历。

3. 经济师

（1）具有系统的经济专业理论知识，能够理解和正确执行国家有关方针、政策。

（2）有较丰富的经济工作实践经验，能够独立地解决较复杂的业务问题。

（3）工作业绩良好，取得一定的成果或经济效益。

（4）具备博士学位；或具备硕士学位，从事相关专业工作满 1 年；或具备第二学士学位或研究生班毕业，从事相关专业工作满 2 年；或具备大学本科学历或学士学位，从事相关专业工作满 4 年；或具备大学专科学历，从事相关专业工作满 6 年；或高中毕业或中等专业学校毕业，取得经济系列初级职称，从事相关专业工作满 10 年。

（三）统计系列

1. 基本资格

（1）遵守中华人民共和国宪法和统计法律法规，贯彻执行党的基本路线和各项方针、政策。

（2）具备良好的统计职业道德和敬业精神，自觉维护统计数据真实性，坚决抵制统计造假、弄虚作假。

（3）认真履行岗位职责，按照要求参加继续教育。

（4）统计专业人员申报各层级职称，除必须达到上述基本条件外，还应分别具备以下条件。

2. 助理统计师

（1）掌握基本统计理论知识和业务技能。

（2）能够完成一个岗位或负责一个专业某一方面的统计业务工作。

（3）了解统计制度和统计方法，能准确及时填报或汇总报表。

（4）能够拟定简单的统计调查方案，独立进行调查研究。

（5）具备国家教育部门认可的高中毕业（含高中、中专、职高、技校，下同）及以上学历。

3. 统计师

（1）掌握比较系统的统计理论知识和业务知识，熟悉计算技术。

（2）能够负责组织和指导一个单位、一个专业的统计业务工作，能够拟定统计调查方案并组织实施。

（3）熟悉统计制度和统计方法，能够设计、汇总专业性较强的统计报表。

（4）能够对本专业有关的社会经济问题进行调查研究和综合分析，形成有一定水平的工作成果。

（5）能够指导助理统计师开展统计调查工作。

（6）具备博士学位；或具备硕士学位，从事统计工作满1年；或具备第二学士学位或研究生班毕业，从事统计工作满2年；或具备大学本科学历或学士学位，从事统计工作满4年；或具备大学专科学历，从事统计工作满6年；或高中毕业，取得助理统计师职称，从事统计相关工作满10年。

4. 高级统计师

（1）掌握系统的统计理论和比较丰富的业务知识。

（2）能够负责组织和指导一个地区、一个部门、一个专业的统计业务工作，带领、指导统计师及其他统计工作人员完成拟定调查方案、组织实施统计调查等任务。有较为丰富的统计工作经验和解决统计工作中重大问题的能力，能为生产经营活动、经济管理工作或领导决策提供指导或咨询。

（3）能够对社会经济问题进行系统的调查研究，写出较高水平的统计调查、分析研究报告或较高应用价值和学术水平的论文、论著等。能够对社会经济的现状和发展作出科学的分析和预测。

（4）为加强本领域统计基础、提高统计数据质量、提升经济效益起到积极作用。能够指导培养中、初级统计专业人才。

（5）具备博士学位，取得统计师职称后，从事与统计师职责相关工作满 2 年；或具备硕士学位、研究生班毕业或第二学士学位、大学本科学历或学士学位，取得统计师职称后，从事与统计师职责相关工作满 5 年；或具备大学专科学历，取得统计师职称后，从事与统计师职责相关工作满 10 年。

（6）具有经济、会计、审计及哲学社会科学研究（理论经济学、应用经济学、数学、统计学、计算机科学与技术）等与统计相近专业中级职称，可依据上述学历资历和业绩条件，申报高级统计师职称。

（四）审计系列

1. 基本资格

（1）遵守中华人民共和国宪法和法律法规，贯彻落实党的基本路线和各项方针政策。

（2）具备良好的审计职业道德和敬业精神。自觉运用新理念和新技术，提高审计工作水平。

（3）认真履行岗位职责，按照要求参加继续教育。

（4）审计专业人员申报各层级职称，除必须达到上述基本条件外，还应当分别具备以下条件。

2. 助理审计师

（1）正确理解和执行审计相关政策、法律法规、规章制度。

（2）掌握审计专业基本知识、工作方法和业务技能。

（3）能够拟定简单的审计方案，完成某一个项目或专业某一方面的审计工作。

（4）具备国家教育部门认可的高中毕业（含高中、中专、职高、技校，下同）及以上学历。

3. 审计师

（1）掌握并能够正确执行审计相关政策、法律法规和规章制度。

（2）掌握比较系统的审计理论知识和业务技能。

（3）有一定的审计工作实践经验，能够负责某一个项目或专业的审计业务工作，拟定审计方案并组织实施。

（4）具备一定的审计职业判断能力，能够对审计发现的问题进行调查研究和综合分析，形成有一定水平的工作成果。

（5）具备博士学位；或具备硕士学位，从事审计相关工作满 1 年；或具备双学士学位，从事审计相关工作满 2 年；或具备大学本科学历或学士学位，从事审计相关工作满 4 年；或具备大学专科学历，从事审计相关工作满 5 年；或高中毕业，取得助理审计师职称，从事审计相关工作满 10 年。

4. 高级审计师

（1）系统掌握审计相关政策法规和审计专业理论、方法、技巧。

（2）具备较高的政策水平和较丰富的审计工作经验，能够独立负责组织和指导某一个单位、部门或专业的审计业务工作，带领、指导审计师及其他审计专业人员履行审计监督职责、完成审计项目任务。

（3）具备较强的审计职业判断能力，工作业绩较为突出，在审计监督、内部控制、风险防控、维护经济安全等方面发挥重要作用，为促进经济管理工作或领导决策提供指导咨询，有效推动提高某一个单位、部门的审计监督和风险管理水平或取得一定经济、社会效益。

（4）具备较强的科研能力，取得一定的审计相关理论或技术研究成果，或完成审计相关研究课题、调研报告、管理制度或方法创新等。

（5）具备博士学位，取得审计师职称后从事与审计师职责相关工作满2年；或具备硕士学位，取得审计师职称后从事与审计师职责相关工作满4年；或具备大学本科学历或学士学位，取得审计师职称后从事与审计师职责相关工作满5年；或具备大学专科学历，取得审计师职称后从事与审计师职责相关工作满6年。

取得会计师、经济师、统计师、工程师等相关专业中级职称，参加高级审计师考试时，可以视同具备审计师职称。

（五）卫生系列

1. 基本资格

（1）遵守国家宪法和法律，贯彻新时代卫生与健康工作方针，自觉践行"敬佑生命、救死扶伤、甘于奉献、大爱无疆"的职业精神，具备良好的政治素质、协作精神、敬业精神和医德医风。

（2）身心健康，心理素质良好，能全面履行岗位职责。

（3）卫生专业技术人员申报医疗类、护理类职称，应取得相应职业资格，并按规定进行注册，取得相应的执业证书。

（4）卫生专业技术人员申报各层级职称，除必须达到上述基本条件外，还应分别具备以下条件。

2. 初级职称

医士（师）：按照《中华人民共和国执业医师法》参加医师资格考试，取得执业助理医师资格，可视同取得医士职称；取得执业医师资格，可视同取得医师职称。按照《中医药法》参加中医医师确有专长人员医师资格考核，取得中医（专长）医师资格，可视同取得医师职称。

护士（师）：按照《护士条例》参加护士执业资格考试，取得护士执业资格，可视同取得护士职称；具备大学本科及以上学历或学士及以上学位，从事护士执业活动满一年，可直接聘任护师职称。具备大专学历，从事护士执业活动满 3 年；或具备中专学历，从事护士执业活动满 5 年，可参加护师资格考试。

药（技）士：具备相应专业中专、大专学历，可参加药（技）士资格考试。

药（技）师：具备相应专业硕士学位；或具备相应专业大学本科学历或学士学位，从事本专业工作满 1 年；或具备相应专业大专学历，从事本专业工作满 3 年；或具备相应专业中专学历，取得药（技）士职称后，从事本专业工作满 5 年，可参加药（技）师资格考试。

3. 中级职称

卫生专业技术人员中级职称实行全国统一考试制度。具备相应专业学历，并符合以下条件的，可报名参加考试：

临床、口腔、中医类别主治医师：具备博士学位，并取得住院医师规范化培训合格证书；或具备硕士学位，取得住院医师规范化培训合格证书后从事医疗执业活动满 2 年；或具备大学本科学历或学士学位，取得住院医师规范化培训合格证书后从事医疗执业活动满 2 年；或具备大学本科学历或学士学位，经执业医师注册后从事医疗执业活动满 4 年；或具备大专学历，经执业医师注册后从事医疗执业活动满 6 年；或具备中专学历，经执业医师注册后从事医疗执业活动满 7 年。

公共卫生类别主管医师：具备博士学位并经执业医师注册后从事公共卫生执业活动；或具备硕士学位，经执业医师注册后从事公共卫生执业活动满2年；或具备大学本科学历或学士学位，经执业医师注册后从事公共卫生执业活动满4年；或具备大专学历，经执业医师注册后从事公共卫生执业活动满6年；或具备中专学历，经执业医师注册后从事公共卫生执业活动满7年。

主管护师：具备博士学位并注册从事护理执业活动；或具备硕士学位经注册后从事护理执业活动满2年；或具备大学本科学历或学士学位，经注册并取得护师职称后，从事护理执业活动满4年；或具备大专学历，经注册并取得护师职称后，从事护理执业活动满6年；或具备中专学历，经注册并取得护师职称后，从事护理执业活动满7年。

主管药（技）师：具备博士学位；或具备硕士学位，取得药（技）师职称后，从事本专业工作满2年；或具备大学本科学历或学士学位，取得药（技）师职称后，从事本专业工作满4年；或具备大专学历，取得药（技）师职称后，从事本专业工作满6年；或具备中专学历，取得药（技）师职称后，从事本专业工作满7年。

（六）出版系列

1. 基本资格

（1）遵守中华人民共和国宪法和法律法规，坚持中国共产党的领导，拥护党的基本理论、基本路线和基本方略，忠于党的出版事业。

（2）坚持党性原则，坚持马克思主义新闻出版观，坚持以人民为中心的工作导向，认真履行出版工作职责使命。

（3）具备良好的思想政治素质和职业道德、敬业精神，作风端正。

（4）热爱出版工作，具备相应的出版专业知识和业务技能，认真履行岗位职责，按照规定参加继续教育。

（5）出版专业技术人员参加各层级职称评价,除必须达到上述标准条件外，还应分别具备以下条件。

2. 助理编辑

（1）具有基本的马克思主义理论水平,基本掌握出版专业基础理论和专业知识。

（2）了解出版工作规律，基本具备从事出版选题策划、编辑校对、设计制作等工作的能力，能够胜任出版专业基础性工作。

（3）具备大学专科及以上学历。

3. 编辑

（1）具有一定的马克思主义理论水平,掌握出版专业基础理论和专业知识，有一定的出版学术水平。

（2）熟悉出版工作规律，有一定的出版选题策划、编辑校对、设计制作等实践经验，能够独立开展某一方面的出版专业工作，能基本解决工作中的疑难问题，基本能创造性地开展工作。

（3）能够指导初级出版专业技术人员开展工作。

（4）具备博士学位；或具备硕士学位，从事出版专业工作满1年；或具备双学士学位、第二学士学位或研究生班毕业，从事出版专业工作满2年；或具备大学本科学历或学士学位，从事出版专业工作满4年；或具备大学专科学历，从事出版专业工作满5年。

（七）翻译系列

1. 基本资格

（1）遵守中华人民共和国宪法和法律法规，贯彻落实党和国家方针政策。

15

（2）具有良好的职业道德、敬业精神，具有推动翻译行业发展的职业使命感，具备相应的翻译专业能力和业务技能。

（3）热爱本职工作，认真履行岗位职责，积极参加继续教育。

（4）翻译专业人员申报各级别职称，除必须达到上述基本条件外，还应分别具备以下条件。

2. 三级翻译

能完成一般性口译或笔译工作。从事口译者应能够基本表达交谈各方原意，语音、语调基本正确；从事笔译者应表达一般难度的原文内容，语法基本正确、文字比较通顺。

3. 二级翻译

（1）具有比较系统的外语基础知识和翻译理论知识。

（2）能够独立承担本专业具有一定难度的口译或笔译工作，语言流畅、译文准确。

第四章

考 试 报 名 方 式

考试报名流程以浙江省为例，详见各省人事考试网。

（一）会计系列

1. 首次报名人员。符合报考条件的人员，在报名开始前，须先在"浙江政务服务网"（网址：http://www.zjzwfw.gov.cn）进行实名注册，并登录以下网站完成个人信息登记：浙江非宁波地区的考生请登录"浙江会计之家"网站（网址：https://kjzj.czt.zj.gov.cn），宁波地区的考生请登录"宁波会计之窗"网站。

2. 非首次报名人员。符合报考条件的人员，如需变更个人信息，可在报名开始前，直接登录"浙江会计之家"网站或"宁波会计之窗"网站，点击"信息变更"栏目进行变更。

考生须严格按照网站提示的要求提交相关佐证材料，由属地财政会计管理部门进行审核，完成信息变更后再进行考试报名。

3. 根据财政部统一要求，参加会计专业技术资格考试报名的考生，须通过"全国会计资格评价网"（网址：http://kzp.mof.gov.cn/）进行考试报名及缴费。

4. 考生报名时，考试报名系统将根据考生在"浙江会计之家"网站或"宁波会计之窗"网站登记的个人信息进行自动审核，审核通过后，考生方可进行缴费。如考生符合报考条件，但是报名时审核未通过或需变更相关报名信息的，须先进入"浙江会计之家"网站或"宁波会计之窗"网站，进行信息变更后再报名。

（二）经济系列

1. 通过登录浙江人事考试网（http://zjks.rlsbt.zj.gov.cn）链接，或直接登录到中国人事考试网（http://www.cpta.com.cn）。先如实注册个人信息，注册成功后，再上传本人电子证件照（照片处理工具和方法见浙江人事考试网首页的"办事指南"栏目）。

2. 报考人员在报名系统中进一步填报完善个人信息（如身份证号、学历学位号、专业工作年限等），在线核验通过后（一般 24 小时），选择所要报考的信息（如考试级别、科目、报名点等）。

3. 在确认所填选的信息和上传的材料准确无误后，选择（点击）"使用告知承诺制"报考。在阅读系统上的《承诺制告知书》后，系统生成《专业技术人员资格考试报名证明事项告知承诺制告知承诺书》电子文本，由报考人员签署并提交（不允许代为承诺）。在承诺书提交后，即可直接点击"确认"或打印"报名表"，随后进行网上交费。

（三）统计系列

1. 报考人员在中国人事考试网（http://www.cpta.com.cn/）上完成个人信息注册或信息更新，登录中国人事考试网报名考试。

2. 报考人员在报名系统中填报完善个人信息（如学历学位、专业工作年限等），在线核查通过后（一般 24 小时），或在线核查未通过经上传相关证明材料后，再选择所要报考的信息（如考试级别、科目、报名点等）。

3. 在确认所填报、选择的信息准确无误后，选择（点击）"采用告知承诺制方式"报考，在阅读系统上的《承诺制告知书》后，系统生成《专业技术人员资格考试报名证明事项告知承诺制告知承诺书》电子文本，由报考人员本人签署并提交后（不允许代为承诺），再点击"确认"，下载打印"报名表"。

4. 报名初、中级考试的考生在进行到"现场交费"界面时，按各属地市统计局考试文件要求的方式交纳考试费用，并于交费后 3 到 4 天再次登录中国人事考试网查看交费及报名状态。

（四）审计系列

1. 报考人员登录中国人事考试网（ http://www.cpta.com.cn/ ）或通过登录浙江人事考试网（http://zjks.rlsbt.zj.gov.cn）链接如实注册个人信息，注册成功后，上传本人电子证件照（照片处理工具和方法见浙江人事考试网首页的"办事指南"栏目）。

2. 报考人员在报名系统中填报报考信息、个人信息、教育信息和工作信息，然后选择"采用告知承诺制方式"报考。报考人员根据报名条件的不同需要上传相关材料或者不需要上传材料，随后依次进行报名信息确认、签署承诺书、交费。

3. 考生打印的"报名表"供报考人员留存备查。报考人员作出承诺后，如未交费，可在报名截止前撤回承诺。一旦撤回承诺，本年度该项考试不再适用告知承诺制。

4. 获得审计硕士专业学位人员按照规定条件报名参加初级或中级审计专业技术资格考试，可以免试《审计相关基础知识》科目，仅参加《审计理论与实务》科目考试。

（五）卫生系列

采用网上预报名，现场确认和网上缴费三个阶段。

1. 网上预报名。考生可登录 www.21wecan.com 网站进行网上预报名，根据报名须知在网上填写个人报名信息，并打印《卫生专业技术资格考试申报表》。

2. 现场确认。考生须持《卫生专业技术资格考试申报表》及相关的证件、材料原件及复印件，到各考点、报名点进行现场确认。

3. 考试缴费。卫生专业技术资格考试报名实行网上缴费，考生须及时登录报名系统查看资格审核状态，经考区资格审核通过后方可进行网上缴费，逾期未缴费者视为放弃考试。

（六）出版系列

1. 报考人员通过登录中国人事考试网（http://www.cpta.com.cn/）或通过登录浙江人事考试网（http://zjks.rlsbt.zj.gov.cn）链接如实注册个人信息，注册成功后，上传本人电子证件照（照片处理工具和方法见浙江人事考试网首页的"办事指南"栏目）。

2. 报考人员在报名系统中填报报考信息、个人信息、教育信息和工作信息，然后选择"采用告知承诺制方式"报考。报考人员根据报名条件的不同需要上传相关材料或者不需要上传材料，随后依次进行报名信息确认、签署承诺书、交费。

在报名出版专业中级资格考试时，报考人员须上传所在单位同意其报考的意见书。

3. 考生打印的"报名表"供报考人员留存备查。报考人员作出承诺后，如未交费，可在报名截止前撤回承诺。一旦撤回承诺，本年度该项考试不再适用告知承诺制。

（七）翻译系列

1. 报考人员通过登录浙江人事考试网（http://zjks.rlsbt.zj.gov.cn）链接，或直接登录到中国人事考试网（http://www.cpta.com.cn/），先如实注册个人信息，注册成功后，再上传本人电子证件照（照片处理工具和方法见浙江人事考试网首页的"办事指南"栏目）。

2. 报考人员在报名系统中继续填报完善个人信息（如工作单位、专业工作年限等），在线核验通过后（一般 24 小时内），以及选择所要报考的信息（如考试级别、科目、考区、报名点等）。

3. 在确认所填选的信息和上传的照片等准确无误后，选择"使用告知承诺制"报考，再点击"确认"或打印"报名表"。

4. 在阅读系统上的《承诺制告知书》后，系统生成《考试报名证明事项告知承诺制告知承诺书》电子文本，由报考人员签署并提交，随后进行网上交费。

第五章

确 认 条 件

（一）基本申报条件

1. 拥护党的路线方针政策，自觉践行公司核心价值观，具有良好的思想品德、职业道德和敬业精神。

2. 熟知本专业理论知识和技术技能，熟悉国内外技术现状和发展趋势；具有丰富实践经验，工作业绩良好，能够理论联系实际，解决技术问题；主要工作内容与申报专业相符，研究成果具有一定的技术价值和经济价值。

3. 学历、年限、现职称等符合公司相关规定。

4. 满足公司继续教育学时规定要求。

5. 近三年绩效考核结果均为 C 级及以上。

6. 参加全国专业技术人员职业资格考试（"以考代评"和"考评结合"）取得的初、中、高级资格，需符合有关资格考试报名条件的规定，即报考初、中、高级资格时应具备的规定学历和"本专业年限"。

（二）分支申报要求

申报者选择申报评定的专业一般应以本人所从事的专业及所取得的业绩为依据，并对照相应专业评审条件、评定标准的专业划分自主确定。

部分专业适用范围如下：

1. 经济系列。适用于各单位、各部门从事经济管理工作的专业人员。电力经济专业划分为计划管理、企业管理、人力资源管理、电力营销管理、物资管理、工程造价管理等六个分支专业。从事法律专业人员可申报经济系列相应专业。

2. 会计系列。适用于各单位、各部门从事会计工作的专业人员。

3. 卫生系列。卫生专业技术人员通指在各单位或部门从事医药卫生技术的人员。卫生技术暂划分为内儿科（含全科医学专业、儿科、心血管、呼吸、消化、肾、神经、老年医学、传染病等），外科（含普通、骨、胸心、神经、泌尿、烧伤、整形、麻醉等），妇产（含妇科、产科、计划生育），护理，药学，检验，放射（含医学影像、超声、核医学、放射治疗），中医（含中西医），公共卫生（含职业卫生、卫生防疫），医疗卫生管理，其他（含康复理疗、口、眼、耳鼻喉、病理学、皮肤与性病等）十一类专业。

（三）专业准入

根据各专业系列的实际情况，从专业技术队伍建设角度出发，部分专业系列准入的所学专业、职称、现从事的专业工作经历明确如下：

1. 经济系列。一般需同时具备经济（含理工、财经、管理、法律类，下同）专业学历和经济系列职称以及经济工作经历。若现职称为非经济系列，则需具备经济专业学历；若不具备经济专业学历，则现职称应为经济、工程、统计、会计、法律和企业法律顾问系列。若现职称为非经济系列，即"转系列申报""现职称后本专业年限"要求为："同级转评"需 2 年及以上、"转系列高报"需满足职称申报相应年限要求。

2. 会计系列。一般需同时具备财会（含财经类，下同）专业学历和会计系列职称（含审计系列职称、注册会计师执业资格，下同）以及财会工作经历。若现职称为非会计系列，则需具备财会专业学历；若不具备财会专业学历，则现职称应为会计、统计、经济、工程系列。若现职称为非会计系列，即"转系列申报"，"现职称后本专业年限"要求为："同级转评"需 2 年及以上、"转系列高报"需满足职称申报相应年限要求。

3. 卫生系列。一般需同时具备医疗卫生专业学历和卫生技术职称以及医疗卫生技术工作经历。若具备医疗卫生专业学历但现职称为非卫生系列，即"转系列申报""现职称后本专业年限"要求为："同级转评"需 2 年及以上、"转系列高报"需满足职称申报相应年限要求。

（四）其他要求和说明

1. 确实经过中央党校、各省（市、区）党校和境外院校规定学时、课时的学习（有学籍档案），所取得的学历、学位与国民教育学历具有同等效用，在职称评定中应予以承认。

2. 外单位调入人员，其职称若为具有职称评审权的单位评定或认定的，予以承认；否则，需履行职称评定工作程序，重新评定。

3. 申报人员应为本单位在职专业技术人员，退休人员不得申报职称。

第六章

确 认 程 序

（一）确认周期

参加地方评审（考试）取得相应职称，报所在单位审核备案，原则上每年确认一次。

（二）确认流程

职称确认工作流程包括个人申报、考核确认、结果公布、资料归档等。

1. 个人申报。组织员工填报个人信息、业绩成果，提交佐证材料。

2. 考核确认。各单位审核确认资格和材料。组建职称评审委员会，召开考核确认会议，对申报人员职业道德、创新能力、业绩水平和实际贡献等进行综合考核。

3. 结果公布。确认合格人员名单公示不少于 5 个工作日，无异议后行文公布。

4. 资料归档。各单位及时录入职称信息，归档确认表等资料。

（三）监督考核

1. 申报者需在申报时提交全部申报材料。各单位在复审工作开始后，以及整个评审过程中，任何人不得再补交材料。

2. 实行学术造假"一票否决制"，对申报人员弄虚作假等违规违纪行为严肃处理，撤销其取得的职称，原则上3年不得申报，情节严重的，追究相关责任。严厉打击论文代写代发、虚假刊发等违纪违规行为，对于抄袭、剽窃、不当署名等学术不端行为，按照有关规定处理，撤销取得的职称，并记入职称申报评审诚信档案库。

3. 评定工作人员玩忽职守、以权谋私、违反工作纪律的，予以通报批评并调离职称评定工作岗位，情节严重的，追究相关责任。

4. 评审专家履责不力、徇私舞弊、违反评审工作纪律的，予以通报批评并取消评审专家资格，情节严重的，追究相关责任。

5. 各单位出现资格审查不严、标准执行不力、组织管理不到位、擅自扩大评定权限等问题，视情节轻重给予通报批评、停止评审、限期整改等处理，直至收回评审权限。

第七章

确 认 材 料

（一）确认材料目录

申报者应按所在单位职称确认工作要求，提供《职称认定（确认）表》（一式两份）、学历学位证书复印件、资格证书复印件、专业技术总结、相关业绩证明材料、主要工作经历证明、绩效考核证明和其他规定的材料。

国网××供电公司初级职称
认定（确认）申报材料目录

申报单位：_____　　姓　　名：_____

职称名称：_____　　申报等级：_____

序号	材料名称	份数	备注
1	《职称认定表》	2份	A4双面打印，附上照片
2	学历、学位证书复印件	1份	
3	资格证书复印件	1份	
4	专业技术总结	1份	手写签字盖公章
5	相关业绩证明材料	1份	
6	主要工作经历证明、绩效考核证明	1份	
7	另2寸彩照一张，在背面用铅笔备注姓名、单位、电话全号	1份	制证用，确认人员不需要提供照片

国网××供电公司

年　　月

（二）职称确认表

职称认定（确认）表

工作单位： _____

姓　　名： _____

现 职 称： _____

拟定职称： _____

分支专业： _____

填表日期：　　年　月　　日

国 家 电 网 有 限 公 司 制

1. 基本情况

姓名		民族		出生地		相片
性别		出生日期		申报单位		
身份证号				参加工作年月		
现从事专业技术工作年限			现从事专业		专业系列	

2. 在岗现状

工作部门名称	岗位（职务）名称	岗位（职务）级别	任职年月

3. 学历、学位情况

项目	学历与学位	专业类别	毕业时间	毕业学校、所学专业	学制
就业学历					
最高学历					

4. 学习培训经历

（含培训、国内外进修等）

起止时间（年月）	培训学校 （地点）	专业内容	主办单位	人事部门审查签章

5. 主要工作经历

起止时间（年月）	工作部门	工作岗位	从事专业（或项目）	人事部门审查签章

6. 就业后主要专业技术业绩

起止时间（年月）	专业技术工作项目主要内容及成效	本人角色	专业技术负责人

7. 就业后的工作成果

（1）获奖情况

时间	项目名称	类别	级别与等级	角色与排名	批准部门

（2）代表性学术成果（论文、著作及重要技术报告）

时间	题目	刊物名称（出版单位）	本人角色或排名

8. 所在单位考核鉴定意见

（公章）

负责人：　　　　　　　年　月　日

9. 单位考核认定意见

技术负责人：

(公章)

人事部门负责人：　　　　　　　　　　　　　　年　　月　　日

10. 审批机关意见

经考核，　　　同志符合《专业技术资格考核认定（确认）办法》的规定，　　　其具备资格。其有效资格取得时间从　　年　　月　　日起算。

(公　章)
年　月　日

（三）职称确认表填写规范

1. 总体要求

《职称认定（确认）表》供专业技术人员确认职称使用。封面、基本情况、在岗现状、学历学位情况、学习培训经历、主要工作经历、就业后主要专业技术业绩、就业后的工作成果项除审查签章外由被评定者填写，所在单位考核鉴定意见、单位考核认定意见、审批机关意见项由组织部门填写。

若采用手工填写方式一律用钢笔、签字笔、毛笔填写，内容要具体、真实，字迹要端正、清楚。

填写时，如内容较多，可另加附页。

2. 封面

"现职称"是指本次考核确认前的职称。"拟定职称"填写拟确认的职称名称，如助理经济师、会计师等。"分支专业"填写职称系列的分支专业名称，如经济专业的人力资源管理分支专业，填写"人力资源管理"。

3. 基本情况

"现从事专业技术工作年限"是指截止申报年度 12 月 31 日，本人参加工作后所从事的与申报专业系列一致的专业技术工作累积年限之和。

"专业系列"包括经济系列、会计系列、卫生系列等。

"现从事专业"填写各专业系列的分支专业，如人力资源管理。

准备一寸彩照 2 张贴在两份确认表相片处。

4. 学历、学位情况

"就业学历"是指参加工作时的学历；"最高学历"是指截止到填表时间所取得的最高学历。"学历"包括大专、本科、研究生等。"学位"包括学士、硕士、博士，如工学学士、工学硕士等。

5. 学习培训经历

适当填写学习培训经历条数，包括后续学历教育、专业培训等。

6. 主要工作经历

"主要工作经历"内容用于计算"本专业年限"，对"起止时间、工作部门、工作岗位、从事专业"需准确填写，填写内容应与另需提供的《主要工作经历证明》内容保持一致。

7. 就业后的主要专业技术业绩

"专业技术工作项目主要内容及成效"总结归纳，控制在 100 字左右。具体填写内容可根据角色＋项目内容＋本人作用＋结论。从创新性、影响力、经济效益、收益成果角度写结论。

"本人角色"填写"主持、专业负责人、主要工作人员、一般参与人员"。

8. 就业后的工作成果

（1）获奖情况。

"级别与等级"根据实际获奖等级对应填写；其他等级均按最低奖项填写。同一项成果多次获奖，只填最高级别。

获奖类别供参考：自然科学奖、技术发明奖、科学技术（进步）奖、中国专利金奖、其他专利奖、科技创新奖、管理创新奖、电力创新奖、其他创新奖、QC 成果奖、软科学成果奖、其他成果奖、优秀设计奖、优质工程奖、贡献奖、竞赛奖、抗疫一线人员奖励、其他等。

获奖级别供参考：

① 国家级：国家科学技术进步奖包括国家自然科学奖、国家科技进步奖、国家技术发明奖三类，其他奖项不计作国家级奖项。

② 省部级（含行业级、国网公司级）：国家电网公司设立的科学技术进步奖、技术发明奖、技术标准创新贡献奖、专利奖、管理创新成果奖、软科学成果奖等奖项；省级单位颁发的奖项；各部委（国家级行业）设立的奖项；中国电机工程学会、中国电力企业联合会等省部级行业协（学）会颁发的奖项、科技部公布的社会力量设立科学技术奖项；中国企业联合会颁发的全国企业管理现代化创新成果奖。

③ 地市级（含省公司级）：各省公司颁发的科技进步奖、管理创新成果奖等奖项；各地市设立的奖项；各省厅局级设立的奖项；各省行业协会（学会）的专业奖。

④ 厂处级（含地市公司级、省公司直属单位级）：地市公司，省公司直属单位设立的科技成果奖项和管理创新成果奖等奖项。

（2）代表性学术成果（论文、著作及重要技术报告）。

申报者提交的论文和技术报告等作品应为取得现职称后撰写且与申报专业相关。其中：

① 论文、著作。论文或著作必须是正式发表或出版，录用通知不予认可。申报时需提供书、刊的封面、目录（交流或评选的证书）和本人撰写的内容，不必将整本书、刊一同提交，其中，论文佐证材料还需提供权威网站查询的收录情况截图。增刊：必须有属地出版管理机构批准的期刊增刊备案号。核心期刊增刊视同为普通期刊。

② 技术报告。"技术报告"应为申报者在当时完成专业技术项目之后，对完成或解决某项具体技术工作问题的报告（政工专业可提供调研报告、课题研究报告）。"本人角色"填写"独立撰写、主要撰写人、主要参

与、一般参与"。申报时需提供专业技术负责人的证明（或鉴定意见）。

9. 所在单位考核鉴定意见

由所在单位对确认人员专业技术实际水平、能力等情况作出评价，并给出确认人员是否已具备拟确认资格的能力和水平的考核鉴定意见。单位鉴定意见由所在单位负责人签字，盖单位公章。

（四）相关业绩证明材料

各类佐证材料必须能够反映与填报内容一致的各项信息，包括时间、项目名称、本人角色、级别、重要性等重要信息请标注出来。佐证材料齐全、规范、图片清晰。

1. 就业后主要专业技术业绩

工程类业绩可提供：项目可研报告、批复、立项、实施、设计图纸、施工方案或措施、调试文件、验收报告（含阶段性）等过程材料，以及本人角色证明、实施效益证明、专家评议意见等。

科技（管理）项目类业绩可提供：项目可研报告、批复、立项、实施、验收报告（含阶段性）等过程材料，以及本人角色证明、实施效益证明、专家评议意见。

解决技术难题类业绩可提供：有关部门出具的技术报告、专家评审或鉴定意见，以及本人角色证明等。

提出科技、经营管理或经济技术建议可提供：建议报告、有关部门批示等采纳（推广）证明。

重点课题类业绩可提供：课题立项材料，阶段性验收材料、研究成果材料、结项验收材料、本人角色证明等。

本专业领域管理改革、创新类业绩可提供：主管部门出具本人角色证明、推广应用证明、表彰文件，财务部门出具经济效益证明等。

2. 获奖

提供获奖证书或文件，获奖正式文件必须有获奖项目和成员姓名等信息。

3. 代表性学术成果（论文、著作及重要技术报告）

（1）论文。

论文必须在中文核心期刊或正式普通期刊上发表，提供：期刊（公开出版的会议论文集）封面、版权页、目录页、论文正文页。还需提供权威网站查询情况的截图，内容包括：

国家科技图书文献中心、中国知网、万方数据知识服务平台检索的同期期刊封面。

上述网站检索的同名期刊基本信息截图。

上述网站检索的同期期刊内本篇文章收录截图。

被 SCI、EI、SSCI 收录的论文，必须提供有大学图书馆或教育部科技查新工作站盖章的收录证明。

国际会议上宣读的论文、出版的论文集，需提供会议通知、论文宣读或正式出版的证明材料，已出版会议论文需提供 ISBN 号。

① 中国知网查询路径及截取信息。

➤ 进入中国知网，选择"出版物检索"

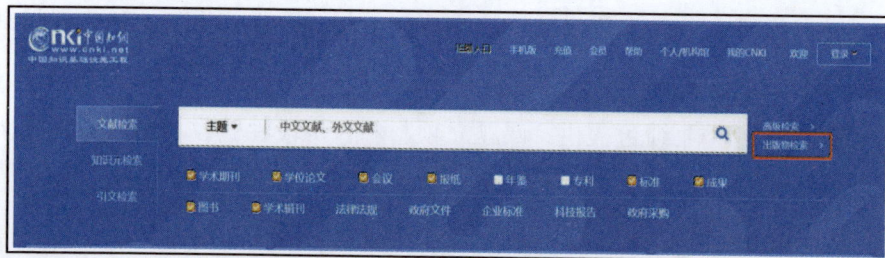

> 输入期刊名称。

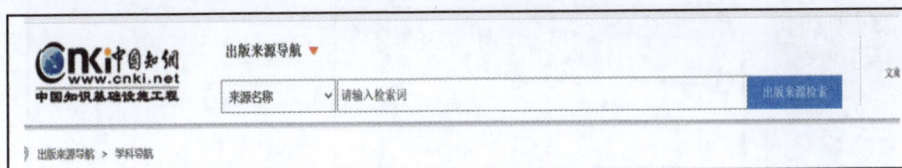

注意：必须是检索期刊，而不是检索论文

> 需截取的信息示例

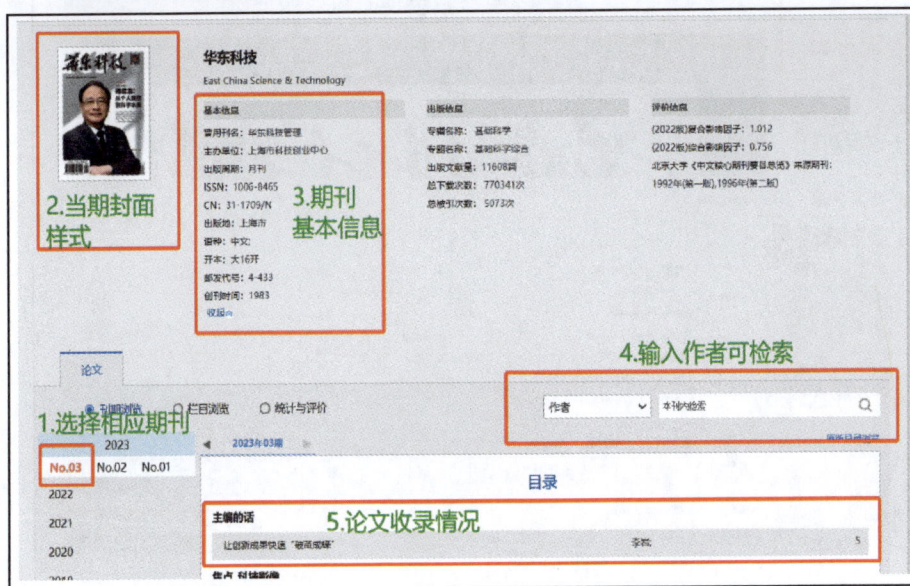

② 万方数据库查询路径及截取信息。

> 进入万方数据库，选择期刊检索，输入期刊名称

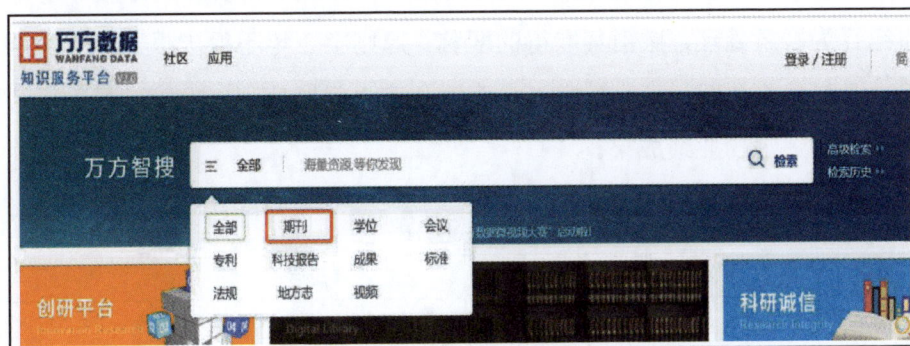

➤ 需截取的信息示例

职称评定实行学术造假"一票否决制"，对申报人员弄虚作假等违规违纪行为严肃处理，撤销其取得的职称，原则上3年不得申报，情节严重的，追究相关责任。专业技术人员应避免向"问题期刊"投稿，避免将其作为职称评定的业绩成果。

高频"问题期刊"		
序号	期刊名称	说明
1	当代电力文化	正版为党建文化类月刊，中电联官网可查 半月刊、旬刊为假

续表

序号	期刊名称	说明
2	电力设备	2008 年停刊，2008 年以后为假刊
3	中国电业	正版为月刊，且只有中国电业四个字，旬刊、半月刊为假。中国电业技术 2016 年底停刊、中国电业发电 2017 年 12 月停刊
4	基层建设	为济南军区政治部内部刊物，不对外发行。央视 CCTV22021 年 10.27 新闻北京警方打击假杂志新闻中包括这本杂志
5	中国电气工程学报	正版：电气工程学报、中国电气工程学报(英文)
6	科学与生活	正版为维语
7	科学与技术	正版为哈萨克语
8	防护工程	正版为双月刊
9	中国科技人才	正版为双月刊
10	福光技术	半年刊。CN35-1113/TN，2008 年以后未再继续收录
11	工程管理前沿	正版为全英文
12	科技信息	2019 年 5 月起停刊
13	电力与能源系统学报	正版为全英文
14	城镇建设	正版为半月刊
15	河南电力	正版为月刊，封面不带国网 logo
16	装备维修技术	2019 年 8 月由季刊变为双月刊
17	科协论坛	于 2018 年 12 月起已长期休刊
18	电力设备管理	2021 年 10 月起由月刊改版为半月刊
19	中国开发区	月刊，全年 11 期，1-2 月合刊
20	科学家	中国科技新闻学会跳转的链接显示为半月刊，未收录 20、21 年情况
21	华东科技	封面与中国知网收录封面不一致，注意查看封面
22	中国西部科技	已于 2016 年 2 月起停刊，2020 年 9 月 18 日已在新闻出版署公告注销登记
23	新型城镇化	正版为月刊
24	中国科技信息	2014 年-2021 年期间第 3、4 期合刊正版 97 年改版为半月刊
25	建筑实践	正版为月刊
26	学习与科普	正版为哈萨克语
27	仓储管理与技术	2004 年已停刊
28	建筑细部	正版为双月刊

续表

序号	期刊名称	说明
29	中国电力企业管理	中国电力企业管理（上旬—综合）（中旬—农电）（下旬·电力工程）中电联官网上可查，正版期刊未完全显示综合、农电、电力工程字样，注意查看封面是否一致
30	西部论丛	2011 年起停刊
31	时代建筑	正版为双月刊
32	华中电力	2012 年 3 月已停刊，正版为双月刊
33	中国应急管理科学	封面与中国知网收录不一致，注意查看封面
34	安防科技	2014 已停刊
35	建筑模拟	正版为英文，月刊
36	青年生活	正版为朝鲜文
37	大众科学	刊号 22-1107/N 正版为朝鲜文
38	未来科学家	正版为青少年科普读物
39	时代建筑	正版为双月刊
40	科技新时代	正版为少儿科普期刊
41	电工电气	封面与中国知网收录不一致，注意查看封面
42	电力与能源	正版为双月刊
43	电气世界	显示中国电科院主办，中国电科院并无此本期刊
44	发电技术	正版为双月刊
45	工程建设标准化	正版为月刊
46	计算机技术与发展	正版为月刊
47	建筑科技	正版为双月刊
48	建筑学研究前沿	正版为英文
49	山东工业技术	2020 年 1 月由月刊变更为双月刊

（2）著作。

著作必须由正式出版社公开出版，提供：著作的封面、版权页、编委页（本人角色页）、目录页、正文节选。

（3）标准、技术报告等。

正式颁布的战略、规划、标准、导则、规范、规程、制度提供：封面、本人角色页、目录、正文节选等。不能直接体现申报人员姓名、角色的，需由负责制定的专业部门按格式模板出具书面证明材料,注明所有制定人员名单、申报人员角色排序,加盖专业部门印章。

技术报告可以是未出版的论文、实施细则、典型经验等,提供:专业技术负责人的证明(或鉴定意见)、成果封面、目录、正文节选、本人角色页等。

4. 主要完成人证明

业绩成果的"主要贡献者(主要完成人)",需是排名靠前的第一、二完成人及主要完成(参加)者。若排名靠后,但确系主要完成(参加)者,需提供本人所在单位主管部门出具的正式文件。该文件,需后附第一、二完成人分别亲自撰写并签名的"证明书"。文件及"证明书"需表明在该项目中被证明人承担任务的内容、重要程度及排名位次和排名靠后的原因,以及其他获奖人员名单(如获奖人数超过 15 人,可仅列出前 15 人名单并注明获奖总人数)。

第八章

管理办法及规则制度

（一）国家电网有限公司职称评定管理办法

第一章 总 则

第一条 为贯彻落实中央人才工作会议精神，加快建设具有中国特色国际领先的能源互联网企业，培养和造就一支政治过硬、专业扎实、素质优良、结构合理的专业技术人才队伍，根据《关于深化职称制度改革的意见》（中办发〔2016〕77号）、《职称评审管理暂行规定》（人力资源社会保障部令第40号）等文件要求以及《中共国家电网有限公司党组关于加快人才高质量发展的意见》（国家电网党〔2020〕57号），制定本办法。

第二条 本办法所称职称评定，是指按照规定程序和标准对专业技术人员的思想品德、职业道德、学术造诣、技术水平和专业能力进行评审和认定的活动。

第三条 职称评定坚持服务发展、遵循规律、科学评价、创新机制原则，建立以创新能力、质量、实效、贡献为导向的评定体系。

第四条 职称等级分为初级、中级和高级三个级别，其中，初级包括员级和助理级，高级包括副高级和正高级。

第五条 本办法适用于公司总部及所属各级全资、控股单位的职称评定管理工作。公司各级参股、代管单位、省管产业单位参照执行。

第二章 职 责 分 工

第六条 职称评定管理工作实行"党组（委）领导、统一管理、人资归口、分级评价"模式。公司人才工作领导小组负责统筹指导职称评定工作，决策有关重大事项。

第七条 国网人资部职责：

（一）贯彻落实国家职称政策，健全公司职称评定管理体系，制定管理制度和评定标准，建立信息管理系统。

（二）组建职称评审委员会，定期向人力资源社会保障部申请评定权限，备案评定结果。

（三）组织开展公司职称评定工作。

（四）指导、监督和考核各单位职称评定工作。

（五）核准各单位中级及以下职称自主评定权限。

第八条 省公司级单位人力资源管理部门职责：

（一）贯彻落实国家和上级单位职称政策，组织所属单位开展职称申报和材料审核工作。

（二）组建中级及以下职称评审委员会，定期向公司申请中级及以下职称评定权限。

（三）组织或委托开展中级及以下职称评定工作，报送评定结果。

（四）指导、监督和考核所属单位职称评定工作。

（五）组织推荐评审专家库人选。

第九条 地市公司级单位人力资源管理部门职责：

（一）贯彻落实上级单位职称政策，组织员工开展职称申报工作。

（二）应用职称评定结果。

（三）组织推荐评审专家库人选。

第十条　国网人才交流服务中心有限公司（以下简称"国网人才中心"）职责：

（一）贯彻落实国家和公司职称政策，滚动修订年度职称申报规范。

（二）授权实施高级职称评定工作，受托开展中级及以下职称评定工作。

（三）建设管理公司评审专家库。

（四）运维公司职称评定信息管理系统。

（五）督促指导各单位职称评定工作。

（六）印制、发放与管理职称证书。

第三章　职 称 评 审 委 员 会

第十一条　职称评审委员会依据评定标准和流程，评议、认定专业技术人员学术技术水平和专业能力，对组建单位负责，受组建单位监督。

第十二条　职称评审委员会实行核准备案制，分为高级、中级和初级。其中，高级职称评审委员会公司统一组建，由人力资源社会保障部核准备案；中级职称评审委员会省公司级单位组建，由国网人资部核准备案；初级职称评审委员会地市公司级单位组建，由省公司级单位核准备案。职称评审委员会备案有效期3年，有效期届满重新核准备案。

第十三条　按照人力资源社会保障部和国务院国有资产，监督管理委员会授权，公司职称评定范围为工程、经济、会计、技工院校教师、档案、卫生、新闻、政工8个系列，每个系列分设若干专业。职称评审委员会按照系列或专业组建，不得跨系列组建综合性职称评审委员会。

第十四条　按照系列组建的职称评审委员会专家组成人数不少于 25

人，各系列按照分设专业组建的职称评审委员会专家组成人数不少于 11 人。职称评审委员会专家从公司职称评审专家库中随机抽取。

第十五条 职称评审专家库由具有一定数量并符合相应条件的公司系统内外专家组成。专家以公司内部遴选为主，可以吸纳高校、科研机构、行业协会（学会）等业绩突出、知名度高的资深专家。

第十六条 入选职称评审专家库的专家应当遵纪守法，具有良好的职业道德，从事本领域专业技术工作，能够严格履行评审工作职责。正高级评审专家原则上应具有正高级职称 3 年及以上，本专业工作年限 20 年及以上；副高级评审专家应具有高级职称 3 年及以上，本专业工作年限 15 年及，以上；中级评审专家应具有高级职称 3 年及以上，本专业工作年限 10 年及以上；初级评审专家应具有高级职称 3 年及以上，本专业工作年限 6 年及以上。

第四章　评定范围和方式

第十七条 申报人员应为在职人员。

第十八条 职称评定分为评审和认定两种方式。

（一）评审是指符合相应系列申报条件的专业技术人员，通过业绩积分、考试、答辩、评审委员会评审等方式评定相应职称。

（二）认定是指符合相应系列认定条件的专业技术人员，通过考核方式认定相应职称。

第十九条 正高级职称采用答辩与评审相结合方式开展。副高级职称采用考试、业绩积分与评审相结合方式开展，其中，工程、档案、政工系列采用公司考试、业绩积分与评审相结合方式；经济、会计系列采用国家考试、业绩积分与评审相结合方式；新闻、卫生、技工院校教师系列需取得相应职业（执业）资格后，采用业绩积分与评审相结合方式。中级职称采用认定或考试、业绩积分与评审相结合方式开展。初级职称采用认定或评审方式开展。

第二十条 国家规定采用"考试""考评结合"的系列，按有关规定执行。

第五章 评 审 工 作 程 序

第二十一条 职称评审工作每年组织一次，由公司统一组织。高级职称评审工作由国网人才中心实施，中级及以下职称评审工作由省公司级单位实施，也可委托国网人才中心或系统内具有职称评审资质的省公司级单位开展。

第二十二条 评审工作流程包括个人申报、资格审查、职称考试、组织评审、结果公布、证书印发、资料归档等。

（一）个人申报。组织员工通过职称评定信息管理系统填报个人信息、业绩成果，上传佐证材料。

（二）资格审查。所在单位对申报资格和材料进行初审，公示5个工作日。省公司级单位组织复审。

（三）职称考试。按照国家规定和公司要求，参加相应系列及级别职称考试，合格者参加评审。

（四）组织评审。组建职称评审委员会，召开评审会议，对申报人员的理论水平、工作能力、主要贡献、作品成果等进行评议，确定评审结果。

（五）结果公布。评审合格人员名单公示不少于5个工作日，无异议后行文公布。

（六）证书印发。证书由公司统一监制、统一编号，国网人才中心印制、发放。

（七）资料归档。各单位及时录入职称信息，归档评定表等资料。

第六章 认 定 工 作 程 序

第二十三条 职称认定工作每年组织一次，由省公司级单位组织实施。

第二十四条　认定工作流程包括个人申报、考核认定、结果公布、证书印发、资料归档等。

（一）个人申报。组织员工填报个人信息、业绩成果，提交佐证材料。

（二）考核认定。各单位审核申报资格和材料。组建职称评审委员会，召开考核认定会议，对申报人员职业道德、创新能力、业绩水平和实际贡献等进行综合考核。

（三）结果公布。认定合格人员名单公示不少于 5 个工作日，无异议后行文公布。

（四）证书印发。证书由公司统一监制、统一编号，国网人才中心印制、发放。

（五）资料归档。各单位及时录入职称信息，归档认定表等资料。

第七章　委　托　评　审

第二十五条　公司授权外的职称系列及等级，通过委托评审、参加国家统一考试等方式取得的，各单位履行确认程序。

第二十六条　通过委托方式评审，公司统一出具委托函，受托机构颁发职称证书。

第二十七条　获得中级及以下职称自主评审权限的单位，严格按照公司规定开展中级及以下职称评审工作；未申请或审核未通过的单位，可委托国网人才中心或系统内具有职称评审资质的省公司级单位开展。

第八章　监　督　考　核

第二十八条　对申报人员弄虚作假等违规违纪行为，实行"一票否决制"，取消评定资格或已取得的职称，且 3 年内不得申报。

第二十九条　评定工作人员玩忽职守、以权谋私、违反工作纪律的，予以通报批评，不得再从事职称评定相关工作，情节严重的，追究相关责任。

第三十条 评审专家履责不力、徇私舞弊、违反评审工作纪律的，予以通报批评，并不再选用，情节严重的，追究相关责任。

第三十一条 各单位出现资格审查不严、标准执行不力、组织管理不到位、擅自扩大评定权限等问题，视情节轻重给予通报批评、停止评审、限期整改等处理，直至收回评审权限。

第九章 附 则

第三十二条 本办法由国网人资部负责解释并监督执行。

第三十三条 本办法自 2022 年 9 月 30 日起施行。原《国家电网有限公司职称评定管理办法》[国家电网企管〔2019〕428 号之国网（人资/4）1025－2019（F）]同时废止。

附件

职 称 评 定 申 报 条 件

一、基本申报条件

（一）拥护党的路线方针政策，自觉践行公司核心价值观，具有良好的思想品德、职业道德和敬业精神。

（二）熟知本专业理论知识和技术技能，熟悉国内外技术现状和发展趋势；具有丰富实践经验，工作业绩良好，能够理论联系实际，解决技术问题；主要工作内容与申报专业相符，研究成果具有一定的技术价值和经济价值。

（三）学历、年限、现职称等符合公司相关规定。

（四）满足公司继续教育学时规定要求。

（五）近三年绩效考核结果均为 C 级及以上。

二、破格申报条件

（一）对于不具备规定学历或年限要求的申报人员，符合下列条件之一，可破格申报副高级职称。

1. 获得省部级科技进步奖、技术发明奖、自然科学奖二等奖及以上奖励的主要贡献者。

2. 享受省部级政府特殊津贴人员等省部级人才。

（二）符合下列条件之一，可破格直接申报正高级职称。

1. 获得国家科技进步奖、技术发明奖、自然科学奖二等奖及以上奖励的主要贡献者。

2. "百千万人才工程" 国家级人选、"国家高层次人才特殊支持计划" 人选、"创新人才推进计划" 中青年领军人才、国家有突出贡献的中青年专家、享受国务院政府特殊津贴人员、中华技能大奖获得者、全国技术能手等国家级人才。

3. 获得中国专利金奖。

三、转系列申报条件

员工工作调动或岗位调整，可申报现岗位专业对应的职称，即"转系列申报"。转系列申报同一级别职称为"同级转评"，转系列申报高一级别职称为"转系列高报"。"同级转评"需取得现职称后，从事所转申报专业满 2 年；"转系列高报"需满足所转系列相应级别的年限要求，申报正高级职称需取得所转系列副高级职称。

四、转业军人和原公务员申报条件

首次参加职称评定，可直接申报相应级别的职称。

（一）中专（含高中、职高、技校）毕业后满 12 年（仅档案系列）、满 9 年（仅一级实习指导教师系列），大专毕业后满 7 年，本科毕业后满 5 年，可直接申报评定中级职称。

（二）大专毕业后满 20 年（仅政工系列）、本科毕业后满 10 年、取得硕士学位后满 8 年、取得博士学位后满 2 年，可直接申报评定副高级职称。

（三）本科毕业后满 15 年、取得硕士学位后满 13 年、取得博士学位后满 7 年，可直接申报评定正高级职称。

五、技能人员申报条件

在工程技术领域生产一线技能岗位工作、具有理工科学历、符合工程系列学历层次要求且取得现从事专业相应资格的员工，可申报评定电力工程相应级别职称。技工院校中级工班、高级工班、预备技师（技师）班毕业，可分别按相当于中专、大专、本科学历申报。

（一）取得高级工资格后且从事技术技能工作满 2 年，可申报助理工程师。

（二）取得技师资格后且从事技术技能工作满 3 年，可申报工程师。

（三）取得高级技师资格后且从事技术技能工作满 4 年，可申报高级工程师。

初级职称评定一览表

系列	职称名称	学历要求	年限要求					绩效考核	继续教育	评定方式	其他要求
			中专	大专	本科	双学士	硕士				
工程	技术员	中专及以上学历（理工科）	认定员级：从事本专业工作满1年 评审助理级：取得员级职称后，从事本专业工作满4年	认定助理级：从事本专业工作满3年	认定助理级：从事本专业工作满1年	认定助理级：入职当年	认定助理级：入职当年	近三年绩效考核结果均为C级及以上	继续教育学时（学分）达到规定要求	1.认定；2.评审	无
	助理工程师										
档案	管理员	中专及以上学历									
	助理馆员										
政工	政工员										
	助理政工师										
新闻	助理记者/助理编辑	大专及以上学历	—								取得新闻记者证
	助理讲师	大学本科及以上学历	—	—							
技工院校教师	三级实习指导教师	中专及以上学历	认定：从事本专业工作满1年	—							取得相应教师资格
	二级实习指导教师		评审：取得三级实习指导教师职称后，从事本专业工作满3年	认定：从事本专业工作满3年	认定：从事本专业工作满1年	认定：入职当年	认定：入职当年				

续表

系列	职称名称	学历要求	年限要求					绩效考核	继续教育	评定方式	其他要求
			中专	大专	本科	双学士	硕士				
卫生	医（药、护、技）士	按国家相关规定执行	参加全国专业技术资格考试取得								
	医（药、护、技）师										
经济	助理经济师										
会计	助理会计师										

中级职称评定一览表

系列	职称名称	学历要求	年限要求						绩效考核	继续教育	评定方式	其他要求
			中专	大专	本科	双学士	硕士	博士				
工程	工程师	大学专科及以上学历（理工科）	—	取得助理级职称后本专业年限满4年		取得助理级职称后本专业年限满2年	1. 评审：取得助理级职称后本专业年限满2年（学制不满2年的国外硕士需满3年）；2. 认定：从事本专业工作满3年（学制不满2年的国外硕士需满4年）	认定：入职当年	近三年绩效考核结果均为C级及以上	继续教育学时（学分）达到规定要求	1. 评审：业绩积分+考试；2. 认定	无
新闻	记者/编辑	大学专科及以上学历									1. 评审；2. 认定	取得新闻记者证
政工	政工师										1. 评审；2. 认定	
档案	馆员	中专及以上学历	取得助理级职称后本专业年限满7年	取得助理级职称后本专业年限满4年							1. 评审：业绩积分+考试；2. 认定	无

续表

系列	职称名称	学历要求	年限要求						绩效考核	继续教育	评定方式	其他要求
			中专	大专	本科	双学士	硕士	博士				
技工院校教师	讲师	大学本科及以上学历	—	—	取得助理级职称后本专业年限满4年						1. 评审；2. 认定	取得相应教师资格
	一级实习指导教师	中专及以上学历	取得助理级职称后本专业年限满5年	取得助理级职称后本专业年限满4年	取得助理级职称后本专业年限满3年							
卫生	主治（主管）医（药、护、技）师	按国家相关规定执行	参加全国专业技术资格考试取得									
经济	经济师											
会计	会计师											

副高级职称评定一览表

系列	职称名称	学历要求	年限要求				绩效考核	继续教育	评定方式	其他要求
			大专	本科、双学士、硕士	博士	博士后				
工程	高级工程师	大学本科及以上学历（理工科）	—	取得中级职称后本专业年限满5年	取得中级职称后本专业年限满2年	期满出站后，可依据在站期间的科研成果评定	近三年绩效考核结果均为C级及以上	继续教育学时（学分）达到规定要求	公司考试+业绩积分+评审	无
档案	副研究馆员	大学本科及以上学历								
新闻	主任记者/主任编辑								业绩积分+评审	取得新闻记者证

续表

系列	职称名称	学历要求	年限要求				绩效考核	继续教育	评定方式	其他要求
			大专	本科、双学士、硕士	博士	博士后				
经济	高级经济师	大学专科及以上学历	取得中级职称后本专业年限满10年						国家考试+业绩积分+评审	无
会计	高级会计师									
政工	高级政工师		取得中级职称后本专业年限满13年，或中级职称后本专业年限满5年且本专业年限满20年						公司考试+业绩积分+评审	无
卫生	副主任医（药、护、技）师	大学专科及以上学历（医疗卫生专业）	取得中级职称后本专业年限满7年	取得中级职称后本专业年限满5年		取得博士学位后本专业年限满5年			业绩积分+评审	取得职（执）业资格证
技工院校教师	高级讲师/高级实习指导教师	大学本科及以上学历	—						评审	取得相应教师资格

正高级职称评定一览表

系列	职称名称	学历要求	年限要求			绩效考核	继续教育	评定方式	其他要求
			本科	双学士、硕士	博士				
工程	正高级工程师	大学本科及以上学历（理工科）	取得副高级职称后本专业年限满5年，本专业年限满15年	取得副高级职称后本专业年限满5年，本专业年限满12年	取得副高级职称后本专业年限满5年，本专业年限满7年	近三年绩效考核结果均为C级及以上	继续教育学时（学分）达到规定要求	答辩+评审	1. 非本专业副高级职称，需同级转评后方可申报；2. 申报新闻系列需取得新闻记者证；
档案	研究馆员	大学本科及以上学历							
新闻	高级记者/高级编辑								

续表

系列	职称名称	学历要求	年限要求			绩效考核	继续教育	评定方式	其他要求
			本科	双学士、硕士	博士				
经济	正高级经济师	大学本科及以上学历	取得副高级职称后本专业年限满5年,本专业年限满15年	取得副高级职称后本专业年限满5年,本专业年限满12年	取得副高级职称后本专业年限满5年,本专业年限满7年	近三年绩效考核结果均为C级及以上	继续教育学时(学分)达到规定要求	答辩+评审	3.申报教师系列需取得相应教师资格
会计	正高级会计师								
技工院校教师	正高级讲师/正高级实习指导教师								
卫生	主任医(药、护、技)师	大学本科及以上学历(医疗卫生专业)							

（二）国网人才评价中心职称申报规范

为准确掌握各专业系列职称评审条件和评定标准，正确履行职称评定工作程序，依据《国家电网有限公司职称评定管理办法》，国网人才评价中心（以下简称国网人才中心）对职称申报规范明确如下：

一、基本规定

（一）时间规定

计算现有职称取得年限、业绩成果取得时间或从事专业技术工作年限的截止时间，均为职称申报年度的 12 月 31 日。

（二）学历规定

申报职称一般应具备规定学历。"规定学历"是指各专业系列《评审条件》和国家有关规定中明确的学历、学位要求（含后续学历，下同）。

1. 中专学历：认定员级职称、评审助理级和部分专业中级职称。

取得中专学历后从事本专业工作满 1 年可认定员级职称。

2. 大专学历：认定助理级职称、评审中级和部分专业副高级职称。

取得大专学历后从事本专业工作满 3 年可认定助理级职称。

3. 本科学历：认定助理级职称、评审中级和高级（含正、副高级，下同）职称。

取得本科学历后从事本专业工作满 1 年可认定助理级职称。

4. 双学士学位：认定助理级职称、评审中级和高级职称。

取得双学士学位后可认定助理级职称。

5. 硕士学位（或研究生学历，下同）：认定中级职称、评审高级职称；或认定助理级职称、评审中级和高级职称。

（1）取得硕士学位后从事本专业工作满 3 年（国外学制不满 2 年的硕士需满 4 年）可认定中级职称。

（2）取得硕士学位后入职当年认定助理级职称，助理级职称后从事本专业工作满 2 年（国外学制不满 2 年的硕士需满 3 年）可评审中级职称。

6. 博士学位：认定中级职称、评审高级职称。

取得博士学位后入职当年可认定中级职称。

7. 博士后：评审高级职称。

博士后期满出站后可依据在站期间的科研成果评审副高级职称。

（三）年限规定

规定年限是指在取得规定学历的前提下，申报评定相应级别职称必须具备的本专业年限和现职称后本专业年限。

"本专业年限" 是指截止申报年度 12 月 31 日，本人参加工作后所从事的与申报专业系列一致的专业技术工作累积年限之和。

"现职称后本专业年限" 是指截止申报年度 12 月 31 日，取得现职称后所从事的与申报专业系列一致的专业技术工作累积年限之和。

1. 关于转业军人和原公务员。对于转业军人和原公务员，属于首次参加职称评定的人员，需严格执行规定学历前提下的"本专业年限"：

中专（含高中、职高、技校，下同）毕业后满 12 年（仅档案系列）、中等职业学校（技工学校）毕业后满 9 年（仅一级实习指导教师）、大专毕业后（含后续学历，下同）满 7 年、本科毕业后满 5 年，可直接申报评审中级职称。

大专毕业后满 20 年（仅政工系列）、本科毕业后满 10 年、取得硕士学位后满 8 年、取得博士学位后满 2 年，可直接申报评审副高级职称。

本科毕业后满 15 年、取得硕士学位后满 13 年、取得博士学位后满 7 年，可直接申报评审正高级职称。

2. 关于通过国家考试取得资格。 参加全国专业技术人员职业资格考试（"以考代评"和"考评结合"）取得的中、高级资格，需符合有关资格考试报名条件的规定，即报考中、高级资格时应具备的规定学历和"本专业年限"。

（四）程序规定

根据中办、国办《关于深化职称制度改革的意见》，坚持"公平、公正、公开"原则，严格履行职称评定工作程序：职称申报和资格审查、评审（答辩、网上评审、考试、业绩积分等方式）、公示审查（含举报问题核查与处理）和发文认证。

（五）其他规定

1. 关于英语、计算机考试。 电力英语、计算机水平考试不再作为申报必备条件，仅作为职称评定的水平能力标准之一。

（1）英语。

《专业技术人员电力英语水平考试合格证书》分为 A、B、C 三个等级。A 级有效期 4 年（截止日为取证的第 4 年年底），B、C 级有效期 3 年（截止日为取证的第 3 年年底）。

A 级适用于申报正、副高级和中级职称。

B 级适用于申报副高级、中级职称。

C 级适用于申报中级职称。

（2）计算机。

《专业技术人员电力计算机水平考试合格证书》分为 A、B 两个等级。A 级有效期 4 年（截止日为取证的第 4 年年底），B 级有效期 3 年（截止日为取证的第 3 年年底）。

A、B 级合格证书可申报各级别职称。

2. 关于论文、技术报告。申报者提交的论文和技术报告等作品应为取得现职称后撰写且与申报专业相关。其中：

（1）论文、著作。论文或著作必须是正式发表或出版，录用通知不予认可。申报时需提供书、刊的封面、目录（交流或评选的证书）和本人撰写的内容，不必将整本书、刊一同提交，其中，论文佐证材料还需提供权威网站查询的收录情况截图。

（2）技术报告。"技术报告"应为申报者在当时完成专业技术项目之后，对完成或解决某项具体技术工作问题的报告（经济、政工专业可提供调研报告、课题研究报告）。申报时需提供专业技术负责人的证明（或鉴定意见）。

二、申报条件及评定方式

（一）中级职称

1. 申报条件

大学专科或大学本科毕业，助理级职称后本专业年限满 4 年；双学士学位或硕士学位，助理级职称后本专业年限满 2 年（学制不满 2 年的国外硕士需满 3 年），可申报评审中级职称。其中：

（1）技工院校教师系列：

①申报讲师职称需具备大学本科学历。

②中等职业学校（技工学校）毕业，助理级职称后本专业年限满 5 年；双学士学位或大学本科毕业，助理级职称后本专业年限满 3 年，可申报一级实习指导教师职称。

（2）档案系列：中专毕业，助理级职称后本专业年限满 7 年；双学士学位，助理级职称后本专业年限满 4 年，可申报中级职称。

2. 评定方式

（1）工程（电力工程、工业工程）、档案、政工系列中级职称：依据中级职称评定标准，采取业绩积分和专业与能力考试方式综合进行评定，"业绩积分"与"专业与能力考试成绩"按 6:4 比例加权确定评定总分（见附件 1）。

（2）技工院校教师、新闻系列中级职称：依据中级职称评审条件，严格执行规定学历、年限及业绩要求，采取评审委员会评审方式进行评定。

（二）副高级职称

1. 申报条件

大学本科毕业或双学士学位或硕士学位，中级职称后本专业年限满 5 年；博士学位，中级职称后本专业年限满 2 年，可申报评审副高级职称。其中：

（1）经济、会计系列：大学专科毕业，中级职称后本专业年限满 10 年，可申报副高级职称。

（2）卫生系列：大学专科毕业，中级职称后本专业年限满 7 年，可申报副高级职称。

（3）政工系列：大学专科毕业，中级职称后本专业年限满 13 年，或中级职称后本专业年限满 5 年且"本专业年限"满 20 年，可申报副高级职称。

（4）技工院校教师、卫生系列：大学本科及以上学历毕业，中级职称后本专业年限满 5 年，可申报副高级职称。

2. 破格条件

获得省部级科技进步奖、技术发明奖、自然科学奖二等奖及以上奖励的主要贡献者、享受省部级政府特殊津贴人员，针对下列情况之一，可破格申报副高级及以下职称。

（1）不具备规定学历。

（2）不具备规定的职称年限（现职称年限、现职称后本专业年限、本专业年限），可提前 1 年申报副高级职称。

3. 评定方式

（1）工程（电力工程、工业工程）、经济、会计、档案、卫生、新闻、政工系列副高级职称： 依据副高级职称评定标准，采取考试、业绩积分和评审方式综合进行评定（见附件 2）。

（2）技工院校教师系列副高级职称： 依据副高级职称评审条件，严格执行规定学历、年限及业绩要求，采取评审委员会评审方式进行评定。

（三）正高级职称

1. 申报条件

具备大学本科及以上学历（工程技术需理工科、卫生系列需卫生专业），副高级职称后本专业年限满 5 年，"本专业年限"要求本科满 15 年、双学士及硕士满 12 年、博士满 7 年，可申报评审正高级职称。非本专业副高级职称，需转评后方可申报。

2. 破格条件

符合下列条件之一，可破格直接申报正高级及以下职称。

（1）获得国家科技进步奖、技术发明奖、自然科学奖二等奖及以上奖励的主要贡献者。

（2）"百千万人才工程"国家级人选、"国家高层次人才特殊支持计划"人选、"创新人才推进计划"中青年领军人才、国家有突出贡献的中青年专家、享受国务院政府特殊津贴人员、中华技能大奖获得者、全国技术能手等国家级人才。

（3）获得中国专利金奖。

3. 评定方式

依据正高级职称评审条件，严格执行规定学历、年限及业绩要求，采取答辩和评审委员会评审方式综合进行评定（见附件4）。

（四）绩效要求

2021至2023年度绩效考核结果均为C级及以上。

三、专业准入与转评高报

根据各专业系列的实际情况，从专业技术队伍建设角度出发，对各专业系列准入的所学专业、职称、现从事的专业工作经历、职称"同级转评"和"转系列高报"明确如下：

（一）工程系列

一般需同时具备理工科专业学历和工程技术职称以及工程技术工作经历。若具备理工科专业学历但现职称为非工程系列，即"转系列申报"，"现职称后本专业年限"要求为："同级转评"需2年及以上、"转系列高报"需满足职称申报相应年限要求。

（二）卫生系列

一般需同时具备医疗卫生专业学历和卫生技术职称以及医疗卫生技术工作经历。若具备医疗卫生专业学历但现职称为非卫生系列，即"转系列申报"，"现职称后本专业年限"要求为："同级转评"需 2 年及以上、"转系列高报"需满足职称申报相应年限要求。

（三）会计系列

一般需同时具备财会（含财经类，下同）专业学历和会计系列职称（含审计系列职称、注册会计师执业资格，下同）以及财会工作经历。若现职称为非会计系列，则需具备财会专业学历；

若不具备财会专业学历，则现职称应为会计、统计、经济、工程系列。若现职称为非会计系列，即"转系列申报"，"现职称后本专业年限"要求为："同级转评"需 2 年及以上、"转系列高报"需满足职称申报相应年限要求。

（四）经济系列

一般需同时具备经济（含理工、财经、管理、法律类，下同）专业学历和经济系列职称以及经济工作经历。若现职称为非经济系列，则需具备经济专业学历；若不具备经济专业学历，则现职称应为经济、工程、统计、会计、法律和企业法律顾问系列。若现职称为非经济系列，即"转系列申报"，"现职称后本专业年限"要求为："同级转评"需 2 年及以上、"转系列高报"需满足职称申报相应年限要求。

（五）技工院校教师、档案、新闻、政工系列

需专职从事相应系列规定的专业工作。若现职称为非相应专业系列，即"转系列申报"，则"现职称后本专业年限"要求为："同级转评"需 2

年及以上、"转系列高报"需满足职称申报相应年限要求。

四、申报专业

申报者选择申报评定的专业一般应以本人所从事的专业及所取得的业绩为依据，并对照相应专业《评审条件》、《评定标准》的专业划分自主确定。其中，对于一些不易归属的专业，可按如下规定掌握：

1. 各科研院以调试为主和地市公司设计所（室）的工程专业技术人员，可按所从事专业申报"电力工程"生产运行的相应专业。

2. "工业工程"规划类专业一般适用于从事综合性、系统性总体方案的规划、设计及实施等工作的人员，科研院从事规划设计的工程专业技术人员可按所从事专业申报"电力工程"规划设计的相应专业。

3. 工民建等专业可申报"电力工程"施工建设的相关专业。

4. 从事电力系统通信、计算机应用等专业的工程技术人员，申报职称时根据所服务的对象（专业）确定申报专业，中级、副高级职称考试专业可选择"电力数字及信息通信技术"。

5. 从事法律专业人员可申报经济系列相应专业。

五、关于职称考试

（一）国家考试

根据国家职称制度深化改革需要，人力资源社会保障部对部分专业系列、职称级别实行"以考代评"或"考评结合"评定制度。目前主要包括：

1. 经济、会计、卫生、统计、审计、出版、翻译系列初中级职称实行"以考代评"，一律参加各地方政府组织的全国专业技术人员专业技术资格（执业或职业资格）考试取得。

2. 高级会计师、高级经济师、高级审计师、高级统计师一律实行考、评结合（即考试和评审）方式进行评定。

（1）高级会计师、高级经济师。申报者需先参加由各省级地方政府有关部门组织的高级资格考试，再凭合格证书（成绩），报名参加国网人才中心组织的年度职称评审，取得高级会计师、高级经济师职称。

（2）高级审计师、高级统计师。申报者需参加由各省级地方政府有关部门组织的高级审计师或高级统计师的考试和评审，其结果需由申报者所属省公司级单位进行确认。

（二）公司副高级职称考试

工程、档案、政工系列申报者需先参加公司组织的副高级职称考试，再凭考试合格证书（有效期内），参加公司组织的副高级职称评审。

六、关于技能人员申报职称

在工程技术领域生产或教学一线技能岗位工作、符合工程或技工院校教师系列学历层次要求且取得现从事专业相应资格的员工，可申报评定电力工程技术、技工院校教师相应级别职称。

1. 取得高级工资格后，从事技术技能工作满 2 年，可申报助理工程师、助理讲师、二级实习指导教师。

2. 取得技师资格后，从事技术技能工作满 3 年，可申报工程师、讲师、一级实习指导教师。

3. 取得高级技师资格后，从事技术技能工作满 4 年，可申报高级工程师、高级讲师、高级实习指导教师。

七、关于抗疫人员申报职称

根据人力资源社会保障部办公厅《关于做好新冠肺炎疫情防控一线专业技术人员职称工作的通知》（人社厅发〔2020〕23 号）文件精神，鼓励积极投身疫情防控一线的专业技术人员，实施职称申报政策倾斜措施。申报人员应在申报材料中提供申报人员疫情防控一线工作情况相关证明（包括工作具体内容及成效），需省公司级单位人事部门审核、盖章。

八、关于继续教育

根据《国家电网有限公司专业技术人员继续教育管理规定》文件精神，专业技术人员申报职称需满足继续教育学时要求，职称认定前1年和评定前3年的继续教育年度学时不达标的，不得申报，具体要求按照文件相关规定执行。

九、其他说明

（一）公司系统目前可评审8个系列：

1. 工程系列：正高级、副高级、中级

2. 经济系列：正高级、副高级

3. 会计系列：正高级、副高级

4. 技工院校教师系列：正高级、副高级、中级

5. 档案系列：正高级、副高级、中级

6. 卫生系列：正高级、副高级

7. 新闻系列：正高级、副高级、中级

8. 政工系列：副高级、中级

公司具备评审权的职称系列，申报者需参加公司统一评定；公司授权外的职称系列，通过委托评审方式取得，各单位履行确认程序。

（二）各省电力高等专科学校、电力职业技术学院从事学历教育教学工作的教师人员应申报高等学校教师相关职称（参加地方相关单位组织的评审），各省（管理、技能）培训中心从事培训教学工作的教师人员应申报技工院校教师相关职称。申报技工院校教师系列人员需取得相应教师资格，并满足相应教学工作量要求（需本校教务部门出具近四年教学工作情况及教学工作量证明）：

1. 教学工作量按任现职近四年的年平均值计算。职业技术教育、技能培训专职教师的年均教学工作量不得低于 240 课时额定工作量。管理培训专职教师的年均教学工作量不得低于 120 课时额定工作量。实习教学专职教师的年均教学工作量不得低于 240 课时额定工作量（折算后）。以上教学工作情况应说明具体教授的课程名称。

2. 经组织批准，承担国家、地方科研项目、重点实验室建设项目的教师，教学工作量可降低要求，但承担项目期间的年均教学工作量不得低于额定教学工作量的三分之一。

3. 兼任教研组组长的教师，教学工作量不得低于额定教学工作量的80%；在学校职能部门担任管理工作的兼职教师（含专职学生管理人员），教学工作量不得低于额定教学工作量的30%。

4. 从其他职业技术学校、培训机构调入的教师，教学工作量可连续计算。

（三）申报新闻系列职称需取得新闻记者证。

（四）确实经过中央党校、各省（市、区）党校和境外院校规定学时、课时的学习（有学籍档案），所取得的学历、学位与国民教育学历具有同等效用，在职称评定中应予以承认。

（五）具备专业不对口的学历，需取得 2 门及以上大专层次专业对口的专业课程自学考试单科结业证书，或华北电力大学电气工程专业课程研修班结业证书可参加初级认定、中级和副高级职称评审。

（六）申报技工院校教师系列及技能人员申报职称：技工院校中级工班、高级工班、预备技师（技师）班毕业，可分别按相当于中专、大专、本科学历申报。

（七）援藏援疆援青人员职称申报参照国家相关规定执行。

（八）各《评审条件》和《评定标准》中"核心期刊"以北京大学的"北大中文核心期刊"、南京大学的"南大核心期刊（CSSCI）"、中国科学技术信息研究所的"中国科技核心期刊"、中国人文社会科学学报学会的

"中国人文社科学报核心期刊"、中国社会科学评价中心的 "中国人文社会科学期刊评价报告"、中科院文献情报中心的"中国科学引文数据库（CSCD）来源期刊列表"目录为准。SCI、EI、SSCI 等收录的文章需提供收录证明。

（九）业绩成果的"主要贡献者（主要完成人）"，需是排名靠前的第一、二完成人及主要完成（参加）者。若排名靠后，但确系主要完成（参加）者，需提供本人所在单位主管部门出具的正式文件。该文件，需后附第一、二完成人分别亲自撰写并签名的"证明书"。文件及"证明书"需表明在该项目中被证明人承担任务的内容、重要程度及排名位次和排名靠后的原因，以及其他获奖人员名单（如获奖人数超过 15 人，可仅列出前 15 人名单并注明获奖总人数）。

（十）申报者需在申报时提交全部申报材料。各单位在复审工作开始后，以及整个评审过程中，任何人不得再补交材料。

（十一）申报者需在申报时提交全部申报材料。各单位在复审工作开始后，以及整个评审过程中，任何人不得再补交材料。

（十二）实行学术造假"一票否决制"，对申报人员弄虚作假等违规违纪行为严肃处理，撤销其取得的职称，原则上 3 年不得申报，情节严重的，追究相关责任；评定工作人员玩忽职守、以权谋私、违反工作纪律的，予以通报批评并调离职称评定工作岗位，情节严重的，追究相关责任；评审专家履责不力、徇私舞弊、违反评审工作纪律的，予以通报批评并取消评审专家资格，情节严重的，追究相关责任；各单位出现资格审查不严、标准执行不力、组织管理不到位、擅自扩大评定权限等问题，视情节轻重给予通报批评、停止评审、限期整改等处理，直至收回评审权限。

严厉打击论文代写代发、虚假刊发等违纪违规行为，对于抄袭、剽窃、不当署名等学术不端行为，按照有关规定处理，撤销取得的职称，并记入职称申报评审诚信档案库。

（十三）外单位调入人员，其职称若为具有职称评审权的单位评定或认定的，予以承认；否则，需履行职称评定工作程序，重新评定。

（十四）关于委托评审。委托评审需由申报者所在单位的上级主管单位向国网人才中心出具统一格式的"委托函"。评审工作结束后，国网人才中心将评审结果函告委评审单位。

（十五）中级职称自主评审需按公司相关制度执行。

（十六）申报人员应为本单位在职专业技术人员，退休人员不得申报职称。

附件：1. 中级职称业绩积分和专业与能力考试综合评定管理办法

2. 副高级职称在线积分评定管理办法

3. 正高级职称申报要求

4. 正高级职称答辩实施办法

5. 职称相关考试违纪违规行为处理规定

附件 1

中级职称业绩积分和专业与能力考试
综合评定管理办法

第一章 总 则

第一条 为客观、公正、科学地评价申报中级职称专业技术人员的学识和水平，鼓励多出成果、多出人才，促进电力科技进步与发展，适应人才强企战略需要和人才成长规律，在中级职称评定工作中实行申报者业绩积分和专业与能力考试加权的方式进行评定。为此，国网人才评价中心（以下简称国网人才中心）特制定本办法。

第二条 业绩积分，指对申报者专业技术水平、能力、业绩实行在线量化积分。采取专业理论水平积分、主要贡献积分、作品成果积分、水平能力积分、申报人员所在单位评价积分等多维评价方式进行鉴定。

第三条 专业与能力考试，指加权总积分达标者参加的考核其专业工作应具备的综合知识能力的统一考试。专业与能力考试将依据各系列《评审条件》中"专业理论水平要求"和"工作经历和能力要求"相关条款，按知识类和能力类 2 部分设计考卷；考试组织工作由国网人才中心统一负责，具体考务工作委托第三方考试服务机构实施。

第四条 最终评定结果以申报者加权总积分和专业与能力考试成绩按 6:4 比例进行加权计算确定。

第五条 本办法适用于国家电网有限公司系统各单位和其他履行国网人才中心职称评定工作程序全过程以及委托评审单位的相关专业申报者。

第二章　评　定　程　序

第六条　依据各系列《评审条件》符合申报条件人员即可在网上报名参加相应系列中级职称业绩积分。

第七条　申报者登录电力人力资源网"职称申报系统"，打印"主要贡献和作品成果鉴定意见表"和"所在单位评价意见表"。

第八条　所在单位对申报者申报材料进行审查、鉴定、评价、公示。申报单位人力资源部门登录"申报或主管单位职称审查系统"，录入鉴定和评价意见结果，并将数据和纸质材料提交主管单位。

第九条　主管单位（需登录该系统）负责对经申报者所在单位鉴定后的专业理论水平、主要贡献和作品成果、申报者所在单位评价意见进行复审和确认。

第十条　"在线积分评定系统"按统一规范的程序和积分标准，综合专业理论水平、主要贡献和作品成果、单位评价意见，计算出申报者加权总积分。

第十一条　加权总积分达标者方可进入专业与能力考试阶段。

第十二条　根据申报者"加权总积分"与"专业与能力考试"成绩加权计算评定总分，评定总分达标者为评定通过，评定通过名单进行网上"公开公示"。

第十三条　"公开审查"无误后，由国网人才中心印发职称通过文件、制发职称证书并将通过职称评定名单转入"历年职称备查库"，由申报单位或主管单位使用"申报或主管单位职称审查系统"打印《评定表》、入档。

第三章　业绩积分标准和实操方法

第十四条　中级《评定标准》及《业绩积分标准》系依据相应系列《评审条件》而制定。其中，中级《业绩积分标准》主要按专业理论水平、主要贡献、作品成果、水平能力、申报人员所在单位评价 5 部分内容确定并统一整定于"在线积分评定系统"中。将经相应组织对申报者审查、鉴定、评价、复审、公示后的鉴定意见和评价意见录入该系统中，系统将自动给出申报者各项实际得分及其实际总积分。

第十五条　专业理论水平积分。该积分标准主要按学历（学位）层次、专业及与申报专业一致性进行量化。其中，所学专业对口与否，以国网人才中心最新修订版《职称申报规范》为准。申报者提供的学历（学位）证书需经所在单位审查鉴定。具体积分方法为：

1. 硕士（含学制满 2 年的国外硕士，下同）或取得学制不满 2 年的国外硕士后满 3 年且专业对口（含双学士且专业均对口）20 分；

2. 本科且专业对口、硕士（含学制满 2 年的国外硕士）或取得学制不满 2 年的国外硕士后满 3 年但专业不对口、双学士（单一专业对口或两个专业均不对口）15 分；

3. 大专且专业对口以及本科但专业不对口 10 分。

第十六条　主要贡献和作品成果积分。该积分标准，依据各专业《评审条件》中"业绩与成果要求"为准，从主要贡献、作品成果 2 方面进行量化。由所在单位"鉴定委员会"依据申报者提供的其使用"职称申报系统"打印出的"主要贡献和作品成果鉴定意见表"和获奖证书、发表作品等材料，进行审查、鉴定并选择填涂、签字、盖章；由申报单位人力资源部门在"申报或主管单位职称审查系统"中录入鉴定结果并连同所有经鉴定的纸质材料报主管单位复审；经主管单位复审并确认后，该系统将给出主要贡献和作品成果的实际积分。

主要贡献和作品成果积分标准分值为：

"主要贡献"达标 18 分、业绩突出者可增至 46 分；"作品成果"达标 6 分、业绩突出者可增至 12 分。

第十七条　水平能力积分。该积分标准，依据电力英语、计算机水平考试情况进行量化。参加国网人才中心组织的电力英语、计算机水平考试，考试结果由"职称申报系统"自动识别。

水平能力积分标准分值为：

英语水平合格 4 分，不合格 0 分；

计算机水平合格 8 分，不合格 0 分。

第十八条　申报人员所在单位评价积分。该积分标准，依据各系列《评审条件》中"工作经历和能力要求"中相应条款、专业进行量化。包括 2 部分，一是政治表现，二是申报人主要工作经历和能力。由所在单位"鉴定委员会"依据申报者提供的其使用"职称申报系统"打印出的"所在单位评价意见表"进行评价并选择填涂、签字、盖章；由申报单位人力资源部门在"申报或主管单位职称审查系统"中录入评价结果并连同所有经评价的纸质材料报主管单位复审。

申报人员所在单位评价积分标准分值为：0~30 分。

第十九条　所在单位鉴定、主管单位复审和国网人才中心查处原则。所在单位对申报人员"工作经历和能力"进行鉴定时，必须依据评价标准各条款对应的具体评分标准，对申报者提供的直接证明和支撑材料进行鉴定，给出的鉴定结果做到有据可查。

对申报者在某项工作中的参与角色的认定，必须以该成果（或项目、专业工作）的立项书、结题书、鉴定意见等正式且直接相关的材料中的成员名单为依据；对成果的级别、成果的推广应用范围、承担工程的规模、工作量的大小等的认定，也必须以申报者提供的与成果直接相关的正式材料为依据；对申报者参与制定的教材、技术规范、标准等成果的出版状况（公开出版、内部发行、非正式稿）和颁发状况（正式颁发、已定稿但未正式颁布、仅完成起草），需进行客观准确的界定；对申报者在专业工作领域的熟悉程度、对相关工具或技能的掌握程度、提交技术报告的水平等的认定，也必须以充分的证据材料为基础，给出客观、公正的鉴定结果。

主管单位在复审时也需按照以上原则进行审查。

国网人才中心组织对相关举报进行查处过程中，也将按以上原则进行核查和处理。

第二十条　实际总积分与加权总积分的关系。实际总积分与加权总积分的区别在于，是否包含了"政治表现、职业道德"、是否符合"规定学历前提下的规定年限"等 3 个评价因素。若三者均为"是"，则加权总积分等于实际总积分；若三者有一项为"否"，则加权总积分为 0。其中，"政治表现、职业道德"由所在单位评价；"规定学历前提下的规定年限"以"在线积分评定系统"计算为准。

第二十一条　公示问题处理。详见国网人才中心最新修订版《职称申报规范》中"其他说明"的相关条款。

第四章　业绩鉴定和复审组织

第二十二条　各单位要成立鉴定委员会。为确保申报者专业理论水平（规定学历层次及专业对口情况）、职称与专业年限、主要贡献和作品成果等业绩内容及其所有佐证材料的真实、准确，需由申报者所在单位成立"鉴定委员会"并报主管单位备案管理。"鉴定委员会"负责鉴定申报者专业理论水平、主要贡献和作品成果和完成申报人员所在单位评价意见等全部工作，原则上组成人员不得少于 5 人，主任由单位分管专业技术人才队伍建设的领导担任。"鉴定委员会"需对鉴定和评价结果的真实、准确全权负责，并在主管单位和国网人才中心规定的时限内完成鉴定、评价的全面工作。

第二十三条　主管单位要成立复审专家组。为确保对申报者水平业绩评价能统一标准，确保评价结果客观公正，需由主管单位成立"复审专家组"，对经申报者所在单位鉴定后的专业理论水平（规定学历层次及专业对口情况）、职称与专业年限、主要贡献和作品成果、水平能力、申报者所在单位评价意见及其所有佐证材料进行复审和确认。"复审专家组"需在国网人才中心规定的时限内完成复审工作。

第五章　专业与能力考试

第二十四条　参考人选的确定。加权总积分达标者方可进入业与能力考试阶段。根据各系列中级《评审条件》和《业绩积分标准》，对申报者申报材料进行审查、鉴定、评价、复审、公示后，加权总积分达到满分60%的，进入专业与能力考试阶段。

第二十五条　专业与能力考试内容。专业与能力考试内容将依据相应系列《评审条件》中"专业理论水平要求"和"工作经历和能力要求"且通过业绩积分不好界定的、且必须掌握的综合知识与综合能力等原则进行确定；按知识类和能力类2部分且各占一定比重设计考卷。知识类主要考查与申报专业相关的通用基础理论知识、专业知识，以及电力与能源战略、企业文化、相关管理规章制度等；能力类主要考查从事相应专业技术工作所应具备的综合能力。

第二十六条　考试时间与考题类型。专业与能力考试时间为150分钟。参考人员在考前登录电力人力资源网，自行打印准考证。参加考试时必须携带本人身份证和准考证到指定考场参加考试。考题类型全部为客观题，由单选、多选和判断等题型组成，满分100分。

第二十七条　考务组织与相关要求。专业与能力考试组织工作由国网人才中心统一负责，具体考务工作委托第三方考试服务机构实施。各单位要做好考务和考试纪律宣贯工作，派专人参与相应考点的现场巡考工作，共同维护考试秩序。一旦出现严重违规问题，将取消参考人员考试资格并视情况对相关人员进行通报批评。

第六章　综 合 评 定

第二十八条　评定结果确定。根据《国网人资部关于印发〈国家电网有限公司中级职称自主评审工作规范〉的通知》（人资培〔2021〕37号），个人"加权总积分"与"专业与能力考试"成绩按6:4比例进行加权计算，个人"加权总积分"与"专业与能力考试"成绩加权后评定总分达到 70 分且考试分数达到 60 分，即为通过所申报系列中级职称的评定。

　　第二十九条　评定后续工作。评定通过名单将进行网上"公示审查"；主管单位接国网人才中心印发的职称通过文件和制发的职称证书后，需将各类鉴定、评价、复审意见等纸质材料返回至所在单位留存至少 3 年。

第七章　附　　则

　　第三十条　自申报者报名参加中级职称业绩积分开始至取得中级职称的评定工作全过程，将始终在公众监督下进行，以此充分体现职称评定工作"公开、公平、公正"的原则。

　　第三十一条　本办法自印发之日起执行。

附件2

副高级职称在线积分评定管理办法

第一章　总　则

第一条　为客观、公正、科学地评价申报副高级职称专业技术人员的学识和水平，鼓励多出成果、多出人才，促进电力科技进步与发展，适应人才强企战略需要和人才成长规律，在副高级职称评定工作中实行专业技术水平、能力、业绩在线积分，国网人才评价中心（以下简称国网人才中心）特制定本办法。

第二条　在线积分评定办法采取申报者专业理论水平积分、中级职称取得年限积分、主要贡献和作品成果积分、水平能力积分和所在单位评价积分、评委专家在线评审打分等多维评价方式进行评定。

第三条　本办法适用于国家电网有限公司系统各单位和其他履行国网人才中心职称评定工作程序全过程以及委托评审单位的相关专业申报者。

第二章　评 定 程 序

第四条　申报者自取得中级职称后，即可依据副高级《评定标准》，在网上报名参加相应系列副高级职称在线积分。

第五条　申报者登录电力人力资源网"职称申报系统"，打印"主要贡献和作品成果鉴定意见表"和"所在单位评价意见表"。

第六条　所在单位对申报者申报材料进行审查、鉴定、评价、公示。申报单位人力资源部门登录"申报或主管单位职称审查系统"，录入鉴定和评价意见结果，并将数据和纸质材料提交主管单位。

第七条 主管单位（需登录该系统）复审并确认后，"职称申报系统"按统一规范的副高级《业绩积分标准》计算出各项实际积分和实际总积分，实际总积分与政治表现、职业道德经加权后得出加权总积分。

第八条 加权总积分达标者方可进入相应系列评审委员会正式评审阶段；相应系列评审委员会在线审查申报者所有业绩情况（即专业技术水平、能力、业绩、中级职称取得年限相关电子材料，下同），根据副高级《评定标准》及其《业绩积分标准》进行相应系列评审委员会全体评委专家"背靠背"打分，计算得出评审平均分。

第九条 最终评定结果为相应系列评审委员会评审平均分，评委会平均分达标者为评定通过，评定通过名单进行网上"公示"。

第十条 "公示"无误后，由国网人才中心印发职称通过文件，印发职称证书并将通过职称评定名单转入"历年职称备查库"，由申报单位或主管单位使用"申报或主管单位职称审查系统"打印《评定表》、入档。

第三章 实操方法与积分标准

第十一条 依据各系列副高级《评审条件》《评定标准》制定的副高级《业绩积分标准》主要按专业理论水平、中级职称取得年限、主要贡献和作品成果、水平能力、申报人员所在单位评价5部分内容确定并统一整定于"在线积分评定系统"中。将经相应组织审查、鉴定、评价、公示后的申报者该5部分鉴定及评价意见录入该系统中，该系统将自动给出申报者各项实际积分及加权总积分。

第十二条 专业理论水平积分。该积分标准主要按学历（学位）层次、专业及与申报专业一致性进行量化。其中，所学专业对口与否，以最新版《职称申报规范》为准。申报者提供的学历（学位）证书需经所在单位审查鉴定。

专业理论水平积分标准分值为：

博士且专业对口30分；

硕士且专业对口以及博士但专业不对口 20 分；

双学士且专业对口 18 分；

本科且专业对口（含双学士单一专业对口，下同）、硕士但专业不对口、双学士但两个专业均不对口 15 分；

本科但专业不对口 5 分；

大专及以下学历且高级会计师、高级经济师"考评结合"考试合格 15 分；

大专且专业对口 5 分；

中专及以下学历和大专但专业不对口 0 分。

第十三条　中级职称取得年限积分。

符合以下条件之一，取得现职称后年限积分标准分值为 50 分：博士且中级职称满 2 年；硕士（含学制满 2 年的国外硕士认定中级职称、2022 年 3 月 22 日及以后学制不满 2 年的国外硕士满 4 年认定中级职称、2022 年 3 月 22 日以前学制不满 2 年的国外硕士满 3 年认定中级职称）及以下学历且中级职称满 5 年；2022 年 3 月 22 日及以后学制不满 2 年的国外硕士不满 4 年认定中级职称、2022 年 3 月 22 日以前学制不满 2 年的国外硕士不满 3 年认定中级职称且中级职称满 6 年；取得高级技师资格满 4 年。

对于年限破格申报人员，取得现职称后年限积分标准分值为：

符合以下条件之一，积分为 35 分：博士且中级职称满 1 年；硕士（含学制满 2 年的国外硕士认定中级职称、2022 年 3 月 22 日及以后学制不满 2 年的国外硕士满 4 年认定中级职称、2022 年 3 月 22 日以前学制不满 2 年的国外硕士满 3 年认定中级职称）及以下学历且中级职称满 4 年；2022 年 3 月 22 日及以后学制不满 2 年的国外硕士不满 4 年认定中级职称、2022 年 3 月 22 日以前学制不满 2 年的国外硕士不满 3 年认定中级职称且中级职称满 5 年；

取得高级技师资格满 3 年。

符合以下条件之一，积分为 20 分：硕士（含学制满 2 年的国外硕士认定中级职称、2022年3月22日及以后学制不满2年的国外硕士满4年认定中级职称、2022年3月22日以前学制不满2年的国外硕士满3年认定中级职称）及以下学历且中级职称满3年；2022年3月22日及以后学制不满2年的国外硕士不满4年认定中级职称、2022年3月22日以前学制不满2年的国外硕士满3年认定中级职称且中级职称满4年；取得高级技师资格满2年。

符合以下条件之一，积分为5分：硕士（含学制满2年的国外硕士认定中级职称、2022年3月22日及以后学制不满2年的国外硕士满4年认定中级职称、2022年3月22日以前学制不满2年的国外硕士满3年认定中级职称）及以下学历且中级职称满2年；2022年3月22日及以后学制不满2年的国外硕士不满4年认定中级职称、2022年3月22日以前学制不满2年的国外硕士满3年认定中级职称且中级职称满3年；取得高级技师资格满1年。

符合以下条件之一，积分为0分：硕士（含学制满2年的国外硕士认定中级职称、2022年3月22日及以后学制不满2年的国外硕士满4年认定中级职称、2022年3月22日以前学制不满2年的国外硕士满3年认定中级职称）及以下学历且中级职称满1年；2022年3月22日及以后学制不满2年的国外硕士不满4年认定中级职称、2022年3月22日以前学制不满2年的国外硕士不满3年认定中级职称且中级职称满2年。

第十四条 主要贡献和作品成果积分。该积分标准，依据各系列副高级《评定标准》"申报人员技术资历鉴定标准"中"主要贡献"和"作品成果"两条相应条款进行量化。由所在单位"鉴定委员会"依据申报者提供的其使用"职称申报系统"打印出的"主要贡献和作品成果鉴定意见表"和获奖证书、发表作品等材料，进行审查、鉴定并选择填涂、签字、盖章；由申报单位人力资源部门在"申报或主管单位职称审查系统"中录入鉴定结果并连同所有经鉴定的纸质材料报主管单位复审；经主管单位复审并确认后，该系统将给出主要贡献和作品成果的实际积分。

主要贡献和作品成果积分标准分值为：

"主要贡献"达标 18 分、业绩突出者可增至 46 分;"作品成果"达标 6 分、业绩突出者可增至 12 分。

第十五条 水平能力积分。该积分标准,依据电力英语、计算机水平考试情况进行量化。参加国网人才中心组织的电力英语、计算机水平考试,考试结果由"职称申报系统"自动识别。

水平能力积分标准分值为:

英语水平合格 4 分,不合格 0 分;

计算机水平合格 8 分,不合格 0 分。

第十六条 申报人员所在单位评价积分。该积分标准,依据各系列副高级《评定标准》"申报人员所在单位评价标准"中相应条款、专业进行量化。包括两部分,一是政治表现,二是申报人主要工作经历和能力。由所在单位"鉴定委员会"依据申报者提供的其使用"职称申报系统"打印出的"所在单位评价意见表"进行评价并选择填涂、签字、盖章;由申报单位人力资源部门在"申报或主管单位职称审查系统"中录入评价结果并连同所有经评价的纸质材料报主管单位复审;经主管单位复审并确认后,该系统将给出申报人员所在单位评价的实际积分。

申报人员所在单位评价积分标准分值为:0~20 分。

第十七条 实际总积分与加权总积分的关系。实际总积分与加权总积分的区别在于,是否包含了"政治表现、职业道德"两个评价因素并加权计算。若 2 者均为"是",则加权总积分等于实际总积分;若 2 者有 1 项为"否",则加权总积分为 0。其中,"政治表现、职业道德"由所在单位评价。

第十八条 评审委员会评审打分。相应系列评审委员会正式评审实行在线评审打分方式。在线评审打分将根据申报者专业理论水平、中级职称取得年限、主要贡献和作品成果、水平能力、申报人员所在单位评价 5 部分鉴定和评价情况进行;"在线积分评定系统"将按统一规范的程序,计算并给出每位被评者的评委会评审打分结果。

第十九条　在线评审后续工作。评定通过名单将进行网上"公示审查"；主管单位接国网人才中心印发的职称通过文件和制发的职称证书后，需将各类鉴定、评价意见等纸质材料返回至所在单位留存至少 3 年。

第四章　附　　则

第二十条　各单位要成立鉴定委员会。为确保申报者专业理论水平、主要贡献和作品成果的真实、准确，需由申报者所在单位成立"鉴定委员会"并报主管单位备案管理。"鉴定委员会"作为鉴定申报者专业理论水平（规定学历层次及专业对口情况）、中级职称取得年限、主要贡献和作品成果、水平能力、完成申报人员所在单位评价意见等全部工作的权威机构，组成人员不得少于 5 人，主任原则上由单位分管专业技术人才队伍建设的领导担任。"鉴定委员会"需对鉴定和评价结果的真实、准确全权负责，并在主管单位和国网人才中心规定的时限内完成鉴定、评价的全面工作。

第二十一条　主管单位要成立复审专家组。为确保对申报者水平业绩评价能统一标准，确保评价结果客观公正，需由主管单位成立"复审专家组"，对经申报者所在单位鉴定后的专业理论水平（规定学历层次及专业对口情况）、中级职称取得年限、主要贡献和作品成果、水平能力、申报者所在单位评价意见及其所有佐证材料进行复审和确认。"复审专家组"需在国网人才中心规定的时限内完成复审工作。

第二十二条　所在单位鉴定、主管单位复审和国网人才中心查处原则。所在单位对申报人员"工作经历和能力"进行鉴定时，必须依据评价标准各条款对应的具体评分标准，对申报者提供的直接证明和支撑材料进行鉴定，给出的鉴定结果做到有据可查。对申报者在某项工作中的参与角色的认定，必须以该成果（或项目、专业工作）的立项书、结题书、鉴定意见等正式且直接相关的材料中的成员名单为依据；对成果的级别、成果的推广应用范围、承担工程的规模、工作量的大小等的认定，也必须以申报者提供的与成果直接相关的正式材料为依据；对申报者参与制定的教材、技术规范、标准等成果的出版状况（公开出版、内部发行、非正式稿）和颁发状况（正式颁发、已定稿但未正式颁布、仅完成起草），需进行客观准确的界定；对申报者在专业工作领域的熟悉程度、对相关工具或技能的掌握程度、提交技术报告的水平等的认定，也必须以充分的证据材料为基础，给出客观、公正的鉴定结果。

主管单位在复审时也需按照以上原则进行审查。

国网人才中心组织对相关举报进行查处过程中，也将按以上原则进行核查和处理。

第二十三条 自申报者报名参加副高级职称业绩积分开始至取得副高级职称的评定工作全过程，将始终在公众监督下进行，以此充分体现职称评定工作"公开、公平、公正"的原则。

第二十四条 本办法自印发之日起执行。

附件 3

电力工程技术正高级职称申报要求

一、适用范围

电力工程技术主要包括热能动力工程、水能动力工程、输配电及用电工程和电力系统及其自动化专业。

1. 热能动力工程

包括发电机、锅炉、汽轮机、燃气轮机、热工过程控制及其仪表、供热与制冷、建筑与安装、物料输送、金属与焊接、火电厂化学、工程测量、环境保护、新型发电技术及其他与热能动力工程有关的专业。

2. 水能动力工程

包括发电机、水能利用(含水库)、工程地质、水文泥沙、水力机械、水工建筑物、金属结构、水电厂自动化、工程测量、环境保护、新能源发电技术及其他与水能动力工程有关的专业。

3. 输配电及用电工程

包括电动机、变压器、绝缘技术、高低压电器设备、输电线路和变电站、配电与用电系统及控制、电气测量技术、工程测量、环境保护、电能质量管理及其他与输配电及用电工程有关的专业。

4. 电力系统及其自动化

包括电力系统规划与设计、电力系统运行与分析、电力系统自动化、继电保护及安全自动装置、电力系统通信及其他与电力系统及其自动化有关的专业。

二、业绩条件

（一）取得高级工程师职称后，具备下列业绩贡献条件之一：

1. 作为主要完成人，完成国家 1 项及以上或省部级 2 项及以上大型工程的可行性研究、设计、施工或调试，通过审查或验收。

2. 作为主要完成人，完成国家级 1 项或省部级 2 项科技项目，通过审查或验收，有重大创新性。

3. 作为主要完成人，在科技攻关或工程实践中，解决关键领域技术难题或填补国内同行业某一技术领域空白，并通过省部级及以上有关部门组织的评审或鉴定。

4. 提出科技建议，1 项被国家有关部门或 2 项被省部级有关部门采纳；完成 1 项及以上在本行业（本系统）推行的技术管理系统工程。经实践检验取得显著成效，对科技进步或专业技术发展有重大促进作用。

5. 获得国家科学技术进步奖 1 项；省部级科学技术进步奖一等奖 1 项或二等奖 2 项或三等奖 3 项；省公司级科学技术进步奖（主要完成人）一等奖 3 项或二等奖 4 项或三等奖 4 项；优秀设计、优质工程等专业专项奖国家级 1 项或省部级 3 项或省公司级（主要完成人）4 项。

6. 作为第一发明人，获得具有显著经济和社会效益的发明专利 1 项或实用新型专利 4 项，并获省部级及以上专利奖或提供成果转化合同（转化效益证明）。

（二）取得高级工程师职称后，具备下列作品成果条件之一：

1. 独立或作为第一作者，在公开出版发行的期刊上发表本专业论文 3 篇及以上，其中核心期刊或被 SCI、EI 收录的论文至少 1 篇。上述公开发表的论文，经专家审核，确有创新或对工程工作具有重要指导意义。

2. 作为主要作者，公开出版本专业有较高学术价值或实用价值的著作 1 部，其中本人撰写部分不少于 5 万字。

3. 作为主要作者，公开出版本专业有较高实用价值的教材或技术手册 2 本，其中本人撰写部分不少于 5 万字。

4. 参与编写或修订省部级及以上电力工程方面的标准、导则、规范、规程等 2 项（团标或企标 3 项）及以上，并颁布实施或公开发行。

工业工程技术正高级职称申报要求

一、适用范围

工业工程技术主要包括系统规划与管理、设施规划与设计、方法与效率工程、生产计划与控制、质量与可靠性管理、营销工程、工业安全与环境以及人力资源开发与管理等与工业工程有关的专业。

二、业绩条件

（一）取得高级工程师职称后，具备下列业绩贡献条件之一：

1. 作为主要完成人，完成国家 1 项及以上或省部级 2 项及以上大型工程的可行性研究、设计、施工或调试，通过审查或验收。

2. 作为主要完成人，完成国家级 1 项或省部级 2 项科技（管理）项目，通过审查或验收，有重大创新性。

3. 作为主要完成人，在科技攻关或工程实践中，解决关键领域技术难题或填补国内同行业某一技术领域空白，并通过省部级及以上有关部门组织的评审或鉴定。

4. 提出科技建议，1 项被国家有关部门或 2 项被省部级有关部门采纳；完成 1 项及以上在本行业（本系统）推行的技术管理系统工程。经实践检验取得显著成效，对科技进步或专业技术发展有重大促进作用。

5. 获得国家科学技术进步奖 1 项；省部级科学技术进步奖一等奖 1 项或二等奖 2 项或三等奖 3 项；省公司级科学技术进步奖（主要完成人）一等奖 3 项或二等奖 4 项或三等奖 4 项；在本专业领域的研究成果获得国家级管理创新奖 2 项，或省部级管理创新奖（主要完成人）一等奖 2 项或二等奖 3 项或三等奖 3 项（含相应专业奖项）。

6. 作为第一发明人，获得具有显著经济和社会效益的发明专利 1 项或实用新型专利 4 项，并获省部级及以上专利奖或提供成果转化合同（转化效益证明）。

（二）取得高级工程师职称后，具备下列作品成果条件之一：

1. 独立或作为第一作者，在公开出版发行的期刊上发表本专业论文 3 篇及以上，其中核心期刊或被 SCI、EI、SSCI、ISTP 收录的论文至少 1 篇。上述公开发表的论文，经专家审核，确有创新或对工程工作具有重要指导意义。

2. 作为主要作者，公开出版本专业有较高学术价值或实用价值的著作 1 部，其中本人撰写部分不少于 5 万字。

3. 作为主要作者，公开出版本专业有较高实用价值的教材或技术手册 2 本，其中本人撰写部分不少于 5 万字。

4. 参与编写或修订省部级及以上工业工程方面的中长期发展战略、企业经营规划、重要管理标准、导则、制度、规范、规程等 2 项及以上，并颁布实施或公开发行。

经济系列正高级职称申报要求

一、适用范围

适用于从事经济专业技术工作的人员。涉及专业包括计划管理、企业管理、人力资源管理、电力营销管理、物资管理、工程造价管理等六类。

二、业绩条件

（一）取得高级经济师职称后，具备下列业绩贡献条件之一：

1. 从事经济研究工作，参与完成国家级课题 1 项；作为主要完成人参与省部级重点课题 2 项，并通过验收或结题，成果经济效益显著。

2. 主持本专业领域管理改革，创造性地提出改进和加强管理的重要思路、意见和措施，并成功应用于经营管理等工作实践，在省公司级及以上单位推广，经验收认定取得较大的管理效益和经济效益。

3. 提出经营管理或经济技术建议，1 项被国家有关部门或 2 项被省部级有关部门采纳，对科技进步、专业技术发展或提高管理水平、经济效益具有重大促进作用。

4. 获得国家科学技术进步奖 1 项；省部级科学技术进步奖一等奖 1 项或二等奖 2 项或三等奖 3 项；省公司级科学技术进步奖（主要完成人）一等奖 3 项或二等奖 4 项或三等奖 4 项；在经济领域的研究成果获得国家级管理创新奖 2 项，或省部级管理创新奖（主要完成人）一等奖 2 项或二等奖 3 项或三等奖 3 项（含相应专业奖项）。

（二）取得高级经济师职称后，具备下列作品成果条件之一：

1. 独立或作为第一作者，在公开出版发行的期刊上发表本专业论文 3

篇及以上，其中核心期刊或被 SCI、EI、SSCI、ISTP 收录至少一篇。上述公开发表论文，经专家审核，确有创新或对经济工作具有重要指导意义。

2. 作为主要作者，公开出版本专业有较高学术价值或实用价值的著作 1 部或教材、技术手册 2 部，其中本人撰写部分不少于 5 万字。

3. 参与编写或修订省部级及以上经济技术或经济管理等方面的中长期发展战略、企业经营规划、重要管理标准、制度、规范、规程等 2 项及以上，并颁布实施或公开发行。

4. 主持完成省公司级及以上本专业相关研究报告、项目报告等代表性成果，并在本专业领域内具有重大影响，得到有效应用。

会计系列正高级职称申报要求

一、适用范围

适用于从事会计专业技术工作的人员。

二、业绩条件

（一）取得高级会计师职称后，具备下列业绩贡献条件之一：

1. 在本专业管理工作中，作为主要完成人参与省部级及以上或主持完成省公司级及以上会计相关领域重大项目 2 项，通过审查或验收，解决重大会计相关疑难问题或关键性业务问题，提高单位管理效率或经济效益。

2. 作为主要完成人，在提升企业经济效益方面取得显著工作业绩，企业电价、净利润、利润总额、营业收入利润率、资产负债率等主要经济指标达到全国或本省同行业先进水平，并得到省公司级单位认可。

3. 作为主要完成人，在会计改革、规范管理、重组改制、风险防范、政策争取、管理创新等方面管理实践取得显著工作业绩，并得到省部级有关部门认可、推广或表彰。

4. 获得国家科学技术进步奖 1 项；省部级科学技术进步奖二等奖及以上 1 项或三等奖 2 项；省公司级科学技术进步奖三等奖及以上 3 项；会计领域专项奖国家级 1 项或省部级 2 项或省公司级（主要完成人） 3 项。

（二）取得高级会计师职称后，具备下列作品成果条件之一：

1. 独立或作为第一作者，在公开出版发行的期刊或学术会议（实证会计国际研讨会、中国会计学会学术年会、CJAS 学术研讨会等）发表本专业论文 3 篇及以上，其中，核心期刊或被 SCI、EI、SSCI、ISTP、AHCI 收录的论文至少 1 篇。上述公开发表的论文，经专家审核，确有创新或对会计实务工作具有重要指导意义。

2. 作为主要作者，公开出版本专业有较高学术价值或实用价值的著作 1 部或教材、技术手册 2 部，其中本人撰写部分不少于 5 万字。

3. 参与编写修订省部级及以上或主持编写修订省公司及以上会计、财务管理等方面的标准、制度、规范、规程等 2 项及以上，并颁布实施或公开发行。

4. 主持完成省公司级及以上本专业相关研究报告、项目报告、财务规划等代表性成果，并在本专业领域内具有重大影响，得到有效应用。

技工院校教师系列正高级职称申报要求

一、适用范围

适用于技工院校、培训机构从事教学及相关专业技术工作的人员，申报者均须取得相应教师资格。

二、业绩成果要求

（一）取得高级讲师（高级实习指导教师）职称后，具备下列业绩贡献条件二项及以上：

1. 主持或作为核心骨干组织技工院校或培训机构教学管理变革、一体化教学和云教学等改革、教学评估类或申报示范性与优秀院校、宏观教学研究等工作，并获得省部级及以上表彰奖励。

2. 主持教研团队或作为核心骨干组织开发完成省部级及以上的精品课程或网络共享课程或教学资源库 1 项及以上。

3. 最近三年坚持师带徒，主持建设并经过省部级及以上发布的实训基地 1 个及以上，或主持、组织过校企融合团队对企业技改、科技项目攻关且经过省部级及以上相关部门鉴定验收或表彰奖励。

4. 教师本人参加教师说课、微课、示范课、教案、课件制作等教学类大奖赛取得省部级二等奖或国家级优胜奖及以上奖励。

5. 教师本人参加技能竞赛获省部级技能大赛二等奖及以上奖励，或中华技能大奖赛和全国技术能手省部级分赛二等奖及以上或国家级赛优胜奖及以上荣誉称号。

6. 作为排名第一的教师，指导职工或学生参加本专业相关的技能竞赛，获省部级技能大赛一等奖及以上或国家级赛三等奖及以上奖励。

7. 主持的科技项目获得国家级科技进步奖优秀奖及以上或省部级科技进步三等奖及以上或省部级教学成果奖一等奖及以上；主持省部级及以上课题研究 1 项或参与省部级及以上揭牌科研项目 1 项（前三名）并通过结题或验收。

8. 作为第一发明人，获得与所从事专业或教学有关的发明专利 2 项及以上。

9. 组建以教师本人为核心的省部级及以上的技能大师工作室团队或省部级及以上发布的校企融合教学工作团队。

（二）取得高级讲师（高级实习指导教师）职称后，具备下列作品成果之一：

1. 独立或作为第一作者，在中文核心期刊上正式发表或被 SCI、EI、SSCI 收录的本专业教育教学研究论文或学术论文 1 篇及以上。

2. 独立或者作为第一作者正式出版学术专著 1 本，或作为主编公开出版教材 1 本，或作为排名第二的编者公开出版教材 2 本，且广泛使用，效果良好。

3. 主持或主笔（前三名）编写省部级及以上职业教育与职业培训类标准、规范、规程等，并颁布实施或公开发行。

档案系列正高级职称申报要求

一、适用范围

适用于从事档案专业技术工作的人员。

二、业绩条件

（一）取得副研究馆员职称后，具备下列业绩贡献条件之一：

1. 在档案科研、档案现代化管理等工作中，完成具有高水平的技术项目、编研成果等，并经国家档案局认定。

2. 获得档案工作国家级奖项；省部级科技进步（成果）奖三等奖及以上；省部级管理创新等专项奖二等奖及以上。并且是获奖项目的主要完成者。

（二）取得副研究馆员职称后，具备下列作品成果条件之一：

1. 在核心期刊（含 SCI、EI、SSCI 等收录）上发表本专业论文 2 篇及以上（至少 1 篇为独立撰写或第一作者）。上述公开发表的论文，确有创新或对工作具有重要指导意义。

2. 作为主要作者，公开出版过本专业有较高学术价值或实用价值的著作、教材、技术手册等。

3. 作为主要完成者，参与本专业国家、行业或省部级规范、标准等的编制工作，并批准实施。

4. 在编研工作中，作为主要作者公开出版过 20 万字以上、深层次加工并具有较高利用价值的编研史料或参考材料。

卫生系列正高级职称申报要求

一、适用范围

适用于从事卫生系列医、药、护、技专业技术工作的人员。

二、业绩条件

（一）取得副主任医（药、护、技）师职称后，符合下列相应工作量要求：

主任医师：重点从技术能力、质量安全、资源利用、患者管理四个维度对工作进行总结，平均每年参加日常门急诊工作时间原则上不得少于90个半天，主持查房40次以上。具体可包括参加专业工作天数、门（急）诊人次数、出院人次数等。

主任药师：重点从技术能力、质量安全、资源利用、患者管理四个维度工作进行总结，平均每年参加药学专业工作时间不少于35周。具体可包括参加专业工作天数、完成药历份数、提供临床咨询次数等。

主任护师：重点从技术能力、质量安全、资源利用、患者管理四个维度工作进行总结，平均每年参加临床护理、护理管理、护理教学工作总计不少于35周。具体可包括参加专业工作天数、护理专科门诊天数等。

主任技师：重点从技术能力、质量安全、资源利用、患者管理四个维度工作进行总结，平均每年参加医技专业工作时间不少于35周。具体可包括参加专业工作天数、完成检验/检查项目数、高风险操作/特殊检查人次数等。

（二）取得副主任医（药、护、技）师职称后，应具备下列业绩贡献条件至少一项：

1. 解决本专业复杂问题形成的临床病案、手术视频、护理案例、应急处置情况报告、技术指导报告等 1 项。

2. 吸取新理论、新知识、新技术形成的与本专业相关的技术专利或开展具有国内外先进水平的新技术、新业务。

3. 获得省部级及以上科技进步（成果）奖。

4. 参加国家级、省部级科普教育工作并获得资格证书。

（三）取得副主任医（药、护、技）师职称后，应具备下列作品成果条件至少一项，其中第 1 条为必备项：

1. 独立或作为第一作者，在国家级医学专业学术刊物上发表论文 3 篇及以上，其中核心期刊或 SCI 收录的论文至少 1 篇（必备条件）。

2. 作为主要作者，公开出版本专业有较高学术价值或实用价值的著作 1 部。

3. 参与研究形成国家或地方行业技术规范、卫生标准，并颁布实施或公开出版发行。

以上业绩条件中，（二）业绩贡献、（三）作品成果需满足合计至少三项。

新闻系列正高级职称申报要求

一、适用范围

适用于在有正式刊号并公开发行的报纸、期刊和经正式批准的电视、网站、新媒体等单位从事记者、编辑、摄影摄像、美术编辑等工作并持有新闻记者证的专业人员。

二、业绩条件

（一）取得主任记者、主任编辑职称后，具备下列业绩贡献条件之一：

1. 作为主要负责人，策划、组织完成过 5 次及以上电力行业重大新闻报道或新媒体重大主题传播项目，并获省部级及以上奖项，其中有 1 篇获一等奖或 2 篇获二等奖。

2. 单独或主笔采写的新闻稿件被报刊采用的数量不少于 30 万字，有 5 篇作品获省部级及以上奖项，其中有 1 篇获一等奖或 2 篇获二等奖。

3. 主持并负责组稿、编稿、审稿、组版等编辑工作，审稿符合公开发表要求的稿件 500 万字及以上，编稿符合公开发表要求的稿件 100 万字及以上，有 5 篇作品获省部级及以上奖项，其中 1 篇获一等奖或 2 篇获二等奖。

4. 主持并负责新媒体策划、采写、编辑、制作、审核、发布等工作，审核符合公开发布要求的作品 400 件及以上，编辑制作符合公开发布要求的作品 200 件及以上，至少有 10 件作品单条阅读（点击）量在 10 万以上，有 5 件作品获省部级及以上奖项，其中 1 件获一等奖或 2 件获二等奖。

5. 精通新闻体裁照片的拍摄技能，独立拍摄的新闻摄影作品发表达到 100 幅及以上，有 5 幅摄影作品获省部级及以上奖项，其中 1 幅获一等奖或 2 幅获二等奖。

（二）取得主任记者、主任编辑职称后，取得下列作品成果条件之一：

1. 独立或作为第一作者，在公开出版发行的报刊上发表本专业论文 3 篇及以上。

2. 作为主要作者，公开出版本专业有较高学术价值或实用价值的著作、教材、技术手册等 1 部，其中本人撰写部分不少于 5 万字。

3. 参与编写或修订省部级及以上新闻工作技术（管理）标准、制度、规范、规程等 2 项，并颁布实施。

4. 主持编写或修订省公司级及以上新闻工作技术（管理）标准、制度、规范、规程等 5 项，并颁布实施。

附件 4

正高级职称答辩实施办法

第一章 总 则

第一条 为客观、公正、科学地评价申报正高级职称人员的专业水平，鼓励多出人才，促进电力科技进步与发展，适应人才强企战略需要，在正高级职称评定工作中实行统一答辩，国网人才评价中心（以下简称国网人才中心）特制定本办法。

第二条 本办法适用于国家电网有限公司系统各单位和其他履行国网人才中心职称评定工作程序全过程以及委托评审单位相关专业的正高级职称申报人员。

第三条 正高级职称答辩（以下简称"答辩"）按照各专业类别统一组织实施，原则上以分支专业成立答辩专家小组，由各小组组长组织对本组申报人员进行答辩。答辩专家小组的组成，需由国网人才中心与相应系列正高级职称评审委员会研究确定。答辩的总体流程：申报者自述、答辩专家提问及申报者答辩、专家点评、小组评价。

第二章 答辩程序及要求

第四条 确定被答辩者。依据各系列《评审条件》，通过各主管单位复审且在电力人力资源网公布的入围当年度正高级职称申报者，为参加被答辩者人选。

第五条 成立答辩专家组。由各系列正高级职称评审委员会负责，成立本专业正高级职称答辩专家组，并根据本年度申报者具体情况可分为若干答辩小组，筹备答辩具体工作。

答辩材料审阅。由答辩委员会统一组织答辩专家在正式答辩前对被答辩者的材料进行预审。通过审阅被答辩者材料，了解其基本信息、专业技术工作经历、业绩、成果等情况，重点研读被答辩者提交的代表论文、突出业绩和成果材料。以重点研读的内容为主，针对每名被答辩者分别书面初拟 3-5 个答辩题目。

第六条 答辩报到。 被答辩者按答辩通知要求按时到指定地点报到并办理相关手续。不得以任何理由违反规定，影响答辩。

第七条 答辩前准备。 被答辩者根据公布的答辩时间表，于本人答辩开始前 30 分钟到达答辩等候室。工作人员请被答辩者进入答辩室之前，被答辩者要出示相关证件，以便工作人员查验。

被答辩者进入答辩室后将手机关闭或设置为无声状态。

第八条 开展答辩。 每名被答辩者答辩时间为 20 分钟左右，流程主要包括申报人员自述、答辩专家提问、答辩者答辩、专家点评三个主要环节。

被答辩者自述环节不超过 3 分钟。自述内容主要包括：本人基本情况、专业学习和专业工作经历、主要研究方向和成果、业绩贡献、对本专业领域发展前景和趋势的认识和学习情况、以及对本人今后专业工作的计划和设想。被答辩者答辩时不得携带任何讲稿和提纲。

答辩专家提问及答辩环节 15 分钟左右。答辩专家向被答辩者提出答辩问题，由被答辩者现场作答。答辩以问答为主，可多次随机追问，通过答辩考察了解答辩论文的真伪、学术水平的高低，衡量被答辩者的科研成果在所从事专业领域内的学术位置和作用。答辩专家同时做好记录。

答辩专家点评环节 2-3 分钟。由答辩专家当面向被答辩者对答辩表现、专业水平进行客观、全面的点评。

第九条 被答辩者离场。 答辩结束后，被答辩者需听从工作人员指挥且立即自行离开答辩会议场所；不得在答辩所在地无故停留；不得以任何形式与尚未完成答辩的其他被答辩者交流答辩相关内容。

第十条　小组评价。各小组的被答辩者完成答辩并离场后，答辩专家对组内各被答辩者答辩情况进行集中讨论和综合评价，由每名答辩专家依据本专业答辩标准和答辩专家评价意见表（另发）的具体条款，独立对组内所有被答辩者进行书面评价，作为小组评价结果，待提交正高级职称评审委员会备用。

第十一条　答辩监督。答辩期间，由国网人才中心统一安排，向每个专业组委派或指派若干名观察员，监督并参加各专业答辩组相关辅助工作。

第三章　各专业系列答辩标准

第十二条　电力工程技术。熟练掌握本专业的知识，并对从事的专业方向（或工作领域）有深入的研究；熟练掌握和运用与本专业有关的现行技术法规、技术标准和技术规范；非常熟悉国家有关的法律、法规和技术政策；非常熟悉本专业的国内外技术水平、市场信息和发展趋势；熟悉两个及以上主要相关专业的有关知识及其国内外的现状和发展趋势；非常熟悉现代管理科学等知识。

第十三条　工业工程技术。熟练掌握工业工程专业的专业知识，并对从事的某一分支专业领域的主要专业知识有较深入的研究；熟练掌握与工业工程有关的技术法规、技术标准和技术规范。熟悉国家有关的法律、技术政策和技术法规；非常熟悉本专业及相关产品的国内外技术水平和发展趋势；熟悉主要相关专业的专业知识，及其国内外的现状和发展趋势。

第十四条　经济系列。全面、系统地掌握与经济有关的基础理论知识，主要包括：经济学、财政与金融、统计与会计、管理学、市场营销、经济法等方面的基础理论知识。根据所从事专业方向（或工作领域）的不同和工作实际，对所列的基础理论知识可以有所侧重；熟练掌握和运用与本专业有关的现行法规、标准和规范；非常熟悉国家有关的法律、法规和经济政策；较系统地掌握本专业的专业知识并对从事的专业方向（或工作领域）有比较深入的研究；熟悉本专业的国内外管理状况、市场信息和发展趋势。熟悉主要相关专业的有关知识及其国内外的现状和发展趋势；熟悉电力生产的基础知识。

第十五条　会计系列。具有系统、坚实的财务会计和经济理论基础知识和较高的专业理论水平，熟悉与财会工作相关经济法律、法规，通晓《中华人民共和国会计法》及各项配套法规和行业的财务会计制度，熟悉国内外现代财务管理的科学方法和发展趋势。

第十六条　技工院校教师系列。熟练掌握本专业的知识，并对从事的专业方向（或工作领域）有深入的研究；熟悉本专业的国内外技术水平、市场信息和发展趋势；熟悉主要相关专业的有关知识及其国内外的现状和发展趋势。

第十七条　档案系列。有广博的档案学知识和相关学科知识；对档案学理论研究有较深的造诣，提出过重要的有独创性的专业理论见解；对从事的专业方向（或工作领域）有深入的研究，是本专业的学术带头人；熟悉国内外本学科及主要相关学科的科学管理、技术水平、研究动态、市场信息以及发展趋势，掌握发展前沿的状况。

第十八条　卫生系列。精通本专业及相关专业的基础理论和专业技术知识，并在本专业领域有独到见解；掌握与本专业有关的法律和法规，熟练掌握本专业的技术规范、技术规程和规章制度；熟悉本专业国内外现状和发展趋势，能把新技术、新理论应用于临床和科研实践。

第十九条　新闻系列。全面、系统、深入地掌握新闻基础理论和专业知识；全面掌握与新闻专业有关的电力法规与电力政策及电力专业基本知识；熟悉本专业的国内外水平和发展趋势，并有较深刻的认识和评论；较全面掌握新闻采访、编辑、美术、摄影业务及专职工作的各种专业技能和技巧；对某学科有系统的研究和较深的造诣；有广博的科学文化知识或艺术知识；熟悉现代科学管理知识。

第四章 附 则

第二十条 正高级职称答辩组织和实施全过程，将始终坚持职称评定工作"公开、公平、公正"的原则，严格按照相关工作流程和标准开展，答辩专家、被答辩者和工作人员需严格遵守相关答辩工作纪律，确保答辩过程的规范性和答辩结论的客观公正。

第二十一条 本办法自印发之日起执行。

附件5

职称相关考试违纪违规行为处理规定

第一章　总　　则

第一条　为促进国家电网有限公司专业技术人才队伍建设,加强职称相关考试工作管理,保证考试的公平、公正,规范对违纪违规行为的认定与处理,维护参加考试的人员(以下简称参考人员)、从事和参与考试工作的人员(以下简称考试工作人员)的合法权益,根据《专业技术人员资格考试违纪违规行为处理规定》(人社部令第31号),制定本规定。

第二条　本规定所称考试是指国网人才评价中心(以下简称国网人才中心)组织的国家电网有限公司中级、副高级职称考试、电力英语及计算机水平考试等职称相关考试。考试形式包括在线视频监控考试、线下上机考试、线下纸笔考试等类型。

第三条　本规定适用于参考人员以及考试工作人员、其他相关人员等违反考试管理规定和考试纪律,影响考试公平、公正行为的认定与处理。

第四条　国网人才中心负责相关考试工作的组织、管理与监督、对违纪违规行为认定与处理。承办考试的机构根据合同要求负责考试具体实施。

第二章　参考人员违纪违规行为处理

第五条　参考人员在考前应认真阅读考试要求、参考人员须知等考试相关规定;应明确考试时间和考试方式等重要信息;以在线视频监控考试形式开展的考试,参考人员应准备符合考试要求的设备并在规定时间内参加试考。因参考人员未阅读考试要求及考试须知、未参加试考等个人原因致使无法正常考试的，由参考人员本人承担相应责任。

第六条 参考人员考试过程中有下列违纪违规行为之一的，取消当次科目考试成绩且由国网人才中心视情节轻重给予通报并上报人资部，建议由所在单位纳入绩效考核管理。

（一）在线视频监控考试

1. 监控设备未按照考试要求放在指定位置或未开启摄像设备、音频采集设备的；

2. 佩戴耳机、耳麦等各类接听设备的；

3. 考试过程中擅自离开座位的；

4. 在考试过程中旁窥、询问他人、打暗号或者手势的；

5. 以任何方式记录考试题目的；

6. 考试过程中监控摄像黑屏超过一分钟的；

7. 考试过程中翻看书籍、资料，使用手机、平板电脑等电子设备或使用其他具有发送或者接收信息功能设备的；

8. 作答空间内出现除参考人员外的无关人员，或通过他人协助进行作答的；

9. 考试过程中出现与考试内容相关的讨论、对话等声音的；

10. 其他经考试机构及人才中心核实，被认定为违反考试公平性的行为。

（二）线下上机考试

1. 未在规定座位参加考试，或未经考试工作人员允许擅自离开座位或者考场，经提醒仍不改正的；

2. 携带通讯工具、规定以外的电子设备或者与考试内容相关的资料进入座位，经提醒仍不改正的；

3. 在考试过程中旁窥、交头接耳、互打暗号或者手势经口头警告无效的；

4. 传、接与考试无关物品的；

5. 在考场或者禁止范围内，喧哗、吸烟或者实施其他影响考场秩序的行为的；

6. 其他应当给予考试成绩无效处理的违纪违规行为。

（三）线下纸笔考试

1. 携带通信工具、规定以外的电子用品或者与考试内容相关的资料进入座位，经提醒仍不改正的；

2. 经提醒仍不按规定书写、填涂本人身份和考试信息的；

3. 在试卷、答题纸、答题卡规定以外位置标注本人信息或者其他特殊标记的；

4. 未在规定座位参加考试，或者未经考试工作人员允许擅自离开座位或者考场，经提醒仍不改正的；

5. 未用规定的纸、笔作答，或者试卷前后作答笔迹不一致的；

6. 在考试开始信号发出前答题，或者在考试结束信号发出后继续答题的；

7. 将试卷、答题卡、答题纸带出考场的；

8. 故意损坏试卷、答题纸、答题卡的；

9. 其他应当给予考试成绩无效处理的违纪违规行为；

第七条　参考人员在考试过程中有下列较为严重违纪违规行为之一的，取消当次科目考试成绩，并三年之内不得参加国网人才中心组织的同类别考试，且由国网人才中心视情节轻重给予通报并上报人资部。建议由所在单位纳入绩效考核管理，并按照员工奖惩规定给予相应处分，处理结果报国网人才中心备案。

（一）在线视频监控考试

1. 伪造资料、身份信息，替代他人或委托他人代为参加考试的；

2. 考试过程中佩戴口罩、墨镜、帽子，或用其他方式遮挡面部，故意遮挡、关闭监控摄像头，或故意偏离摄像范围等逃避监考的；

3. 以不正当手段获取试题、答案、考试成绩等的；

4. 其他情节较为严重、影响恶劣的违纪违规行为。

（二）线下上机考试

1. 代替他人或者让他人代替自己参加考试的；

2. 持伪造证件参加考试的；

3. 夹带、抄袭或者试图抄袭书籍、资料、笔记本、电子设备等的；

4. 使用手机或其他电子设备查看资料、信息，或与考场内外任何人士通信或试图通讯的；

5. 恶意操作导致考试无法正常运行的；

6. 未经许可擅自中途离开考场的；

7. 传播考试试题及答案的；

8. 其他情节较为严重、影响恶劣的违纪违规行为。

（三）线下纸笔考试

1. 抄袭、协助他人抄袭试题答案或者与考试内容相关资料的；

2. 互相传递试卷、答题纸、答题卡、草稿纸等的；

3. 持伪造证件参加考试的；

4. 传播考试试题及答案的；

5. 使用禁止带入考场的通信工具、规定以外的电子用品的；

6. 串通作弊或者参与有组织作弊的；

7. 代替他人或者让他人代替自己参加考试的；

8. 其他情节特别严重、影响恶劣的违纪违规行为。

第八条　参考人员应当自觉维护考试工作场所秩序，服从考试工作人员管理，有下列行为之一的，终止其继续参加考试，并责令离开考场；情节严重的，按照本规定第六条、第七条的规定处理；违反《中华人民共和国治安管理处罚法》等法律法规的，交由公安机关依法处理；构成犯罪的，依法追究刑事责任：

（一）故意扰乱考点、考场等考试工作场所秩序的；

（二）拒绝、妨碍考试工作人员履行管理职责的；

（三）威胁、侮辱、诽谤、诬陷考试工作人员或者其他参考人员的；

（四）严重扰乱考试秩序，危及考试工作人员安全的；

（五）其他扰乱考试管理秩序的行为。

第九条　参考人员有提供虚假证明材料或者以其他不正当手段取得相应证书或者成绩证明等严重违纪违规行为的，由证书签发机构宣布证书或者成绩证明无效，并按照本规定第七条处理。

第三章　考试工作人员违纪违规行为处理

第十条　监考人员由考试机构指定人员担任。监考人员要严格按照《考试纪律》的要求认真履行监考任务。各监考人员要在每场考试结束后将违纪违规参考人员信息核查、汇总后由考试机构统一送交国网人才中心，由国网人才中心工作人员再次审核。

第十一条　考务和监考人员要提前 30 分钟进行考试准备工作。及时发现问题并妥善解决或上报。考务和监考人员工作职责：

（一）检查考试前的准备情况；

（二）及时处理参考人员考前遇到的问题，保障考试顺利进行；

（三）检查到考率、参考人员状态及考试纪律等；

（四）纠正考试中不规范的行为。

第十二条　考试机构应在考试结束后，对考试工作进行认真的总结，从考风、考务、考试纪律、考试组织工作等方面总结经验和存在的问题，提出改进意见和建议。

第十三条　考试工作人员有下列情形之一的，终止其继续从事当年及下一年度考试工作，建议由所在单位给予处分，国网人才中心对其保留进一步追究责任的权利：

（一）考试开始前没有及时告知试考时间、正式考试时间和登录方式的；

（二）擅自提前考试开始时间、推迟考试结束时间及缩短考试时间的；

（三）提示或者暗示参考人员答案的；

（四）未准确记录考场情况及违纪违规行为，并造成一定影响的；

（五）未认真履行职责，造成考场秩序混乱或者所负责考场出现雷同试卷的；

（六）未执行回避制度的；

（七）考试期间在考场内有与监考无关行为的；

（八）其他一般违纪违规行为。

第十四条　考试工作人员有下列情形之一的，由考试机构、国网人才中心或者有关单位将其调离考试工作岗位，不得再从事考试工作，建议由所在单位给予相应处分，国网人才中心对其保留进一步追究责任的权利：

（一）因命（审）题（卷）发生错误，造成严重后果的；

（二）以不正当手段协助他人取得考试资格或者取得相应证书的；

（三）窃取、擅自更改、编造或者虚报考试数据、信息的；

（四）泄露考务实施工作中应当保密信息的；

（五）指使或者纵容他人作弊，或者参与考场内外串通作弊的；

（六）监管不严，使考场出现大面积作弊现象的；

（七）利用考试工作之便，以权谋私或者打击报复参考人员的；

（八）其他严重违纪违规行为。

第十五条　考试工作人员违反《国家电网公司保密工作管理办法》（国

网（办/2）101—2013）及有关规定，造成在保密期限内的考试试题、试卷及相关材料内容泄露、丢失的，由相关部门视情节轻重，分别给予责任人和有关负责人处分；涉嫌犯罪的，移送司法机关依法处理。

第四章　附　　则

第十六条　本规定由国网人才中心负责解释。

第十七条　本规定自发布之日起施行，原《专业技术资格相关考试违规处理办法》（人才中心〔2014〕4号）同时废止。

（三）国家电网有限公司专业技术人员继续教育管理规定

第一章　总　则

第一条　为建设具有中国特色国际领先的能源互联网企业，有效推进国家电网有限公司（以下简称"公司"）专业技术人员继续教育工作，培养造就一批素质优良、能力突出、技术过硬的高素质专业技术人才，根据《国务院关于推行终身职业技能培训制度的意见》（国发〔2018〕11号）、专业技术人员继续教育规定》（人社部令第25号）等国家政策和公司有关规章制度，制定本规定。

第二条　专业技术人员是指公司具有职称和拟参评职称的职工。

第三条　本规定所称继续教育是指专业技术人员为适应岗位需要和职业发展的要求，以提升思想道德素质、完善知识结构、增强创新能力、提高专业水平为目的的各类教育培训活动，分为公需科目和专业科目两类。

第四条　继续教育坚持"服务发展、务求实效、形式多样、按需施教"的原则，以能力建设为核心，注重与选拔、考核、评价和使用的紧密衔接，树立终身学习机制，打造学习型企业，营造终身学习的氛围。

第五条　专业技术人员享有参加继续教育的权利和接受继续教育的义务。各级单位应当为专业技术人员参加继续教育提供便利条件，主要依托各级培训机构和实训基地、职业院校、网络大学等（以下简称"继续教育基地"）开展继续教育活动，发生的继续教育费用在职工教育经费中列支。

第六条　本规定适用于总部（分部）及所属各级单位的专业技术

人员继续教育管理工作，公司各级参股、代管单位、省管产业单位参照执行。

第二章 职 责 分 工

第七条 继续教育工作坚持"归口管理、专业指导、分级负责、分类实施"的原则。各级人力资源部门是继续教育工作的归口管理部门。

第八条 国网人资部主要职责如下：

（一）贯彻落实国家继续教育政策，制定公司继续教育管理制度。

（二）组织研究完善专业技术人员能力框架，编制公需科目和专业科目指南。

（三）制定并发布继续教育方式和学时认定标准。

（四）建立公司继续教育信息化服务平台，统一管理继续教育证书。

（五）指导、监督、检查各单位继续教育工作。

第九条 分部、省公司级单位人力资源部门主要职责如下：

（一）贯彻落实国家、地方政府和公司继续教育政策，制定本单位继续教育管理实施方案。

（二）组织编制并发布本单位公需科目和专业科目。

（三）负责组织开展继续教育活动。

（四）依法合规管理继续教育相关经费。

（五）指导、监督、检查所属单位继续教育工作。

第十条 专业部门主要职责如下：

（一）公司总部专业部门负责提出本专业公需科目需求和专业科目指南。

（二）省公司级单位专业部门负责编制本专业公需科目和专业科目。

第十一条 继续教育基地的主要职责如下：

（一）落实继续教育实施方案，提供培训设备、场地和食宿服务。

（二）做好培训班等继续教育活动的资料管理和安全管理工作。

（三）加强实训设备设施建设，做好继续教育信息化服务平台的系统维护。

第三章　内　容　与　形　式

第十二条　公需科目包括专业技术人员应当普遍掌握的国家法律法规、理论政策和公司战略、企业文化、职业道德、技术信息等基本知识，以完善专业技术人员知识结构、启发创新思维、提高综合素质。

第十三条　专业科目包括专业技术人员从事专业工作应当掌握的新理论、新知识、新技术、新方法，以及时更新专业技术人员专业知识、提高业务技能。

第十四条　继续教育形式多措并举、灵活多样，通过下列方式参加与所从事专业相关继续教育活动并取得合格证或相关成果的，均计入本人当年继续教育学时：

（一）参加培训班、研修班等。

（二）参加公司网络大学、学习强国等远程教育和现场培训等。

（三）参加学术会议、学术讲座、学术访问等。

（四）正式发表出版著作、论文、专利等。

（五）参加课题研究、项目开发、标准制定等。

（六）参加继续教育实践活动等符合规定的其他继续教育方式。

专业技术人员继续教育部分专业科目学时折算标准见附件，折算学时根据实际情况不定期更新。

第四章　学时要求及档案管理

第十五条　专业技术人员参加继续教育的时间，每年累计不得少于90学时，其中专业科目不得少于60学时。继续教育学时当年度有效，不可结转使用。

第十六条　各单位每年须安排不少于30学时（公需科目10学时和专

业科目 20 学时）的必修课。

第十七条　职工因病等特殊情况不能完成继续教育学时，须在当年提出申请，经所在单位批准后，可在下一年度补修完成。

第十八条　公司建设继续教育信息化服务平台，用于公布科目指南、登记审核学时、管理学习档案及继续教育证书。

第十九条　继续教育档案应包括继续教育种类、内容、学时、考核结果等信息。

第二十条　继续教育证书实行电子化管理，年度达到学时要求者，可从继续教育信息化服务平台自行打印合格证书。

第二十一条　各单位应加强"互联网＋继续教育"应用，充分利用网络大学等平台，为基层、一线专业技术人员更新知识结构、提高能力素质提供便捷高效的服务。

第五章　组织管理及监督检查

第二十二条　专业技术人员参加继续教育情况作为职称评定的必要条件。职称认定前 1 年和评定前 3 年的继续教育年度总学时不达标的，不得申报。

第二十三条　各单位建立专业技术人员继续教育考核激励机制，把继续教育情况作为专业技术人员考核评价、人才选拔、岗位聘用、职位晋升等必要条件。

第二十四条　公司采取定期、不定期抽查等方式，每年对各单位继续教育工作情况进行监督检查，结果进行通报。各单位应建立监督检查机制，强化对专业技术人员继续教育工作的事中管控和事后评价。

第二十五条　专业技术人员通过弄虚作假等违规违纪行为取得的学时予以取消，不予发放当年度合格证书，已取得合格证书的予以撤销并通报。

第二十六条　各级单位和继续教育基地发生材料造假、审核不严、伪造记录、违规操作、乱收费等行为，予以通报批评，追究相关人员责任。

第六章 附 则

第二十七条 本规定由国网人资部负责解释并监督执行。

第二十八条 对于违反本规定，造成国有资产损失或其他严重不良后果情形的，经调查核实和责任认定后，按照国资委相关要求和《国家电网有限公司违规经营投资责任追究实施办法（试行）》追究相关人员责任。

第二十九条 本规定自 2021 年 1 月 30 日起施行。

附件：专业技术人员继续教育部分专业科目学时折算标准

附件

专业技术人员继续教育部分专业科目学时折算标准

类别	具体项目	对应学时	备注
1. 公司内部培训、研修活动	各级单位及继续教育基地举办的脱产、半脱产、远程教育等培训班、研修班	由各级单位或基地按实际培训学时数认定	
	网络大学自主学习	按网络大学规定学时认定	
2. 公司外部培训、研修活动	国家部委、地方政府、行业举办及国（境）外举办的脱产、半脱产、远程教育等培训、研修活动	由各级单位根据主办单位的活动通知认定	
3. 学历、学位教育或课程进修	考试考核合格者	15 学时/课程	
4. 省部、行业（公司）级及以上课题（项目）	主持和参与主课题（项目）研究	负责人认定 56 学时、其他参与人员（不超过 10 人）认定 32 学时	
	主持和参与子课题（项目）研究	负责人认定 48 学时、其他参与人员（不超过 8 人）认定 24 学时	
5. 地市级（省公司级）课题（项目）	主持和参与主课题（项目）研究	负责人认定 40 学时、其他参与人员（不超过 8 人）认定 24 学时	
	主持和参与子课题（项目）研究	负责人认定 32 学时、其他参与人员（不超过 6 人）认定 16 学时	
6. 出版著作、译作或发表论文（署名前 3 名）	出版专业相关著作（译作）每万字	12 学时	
	SCI、EI 收录的专业刊物每篇。	48 学时	
	中文核心、中国科技核心收录的专业刊物每篇。	32 学时	
	省级专业刊物每篇	24 学时	
	具有国际标准刊号（ISSN）和国内统一刊号（CN）的刊物	24 学时	

续表

类别	具体项目	对应学时	备注
7. 专利	国家知识产权局授予的发明专利	40 学时	变更专利发明人（或设计人）的专利，暂不认定
	国家知识产权局授予的实用新型专利或外观设计专利	32 学时	
8. 标准	国际标准	56 学时	
	国家标准	48 学时	
	行业标准	40 学时	
	企业标准	32 学时	
9. 职称考试	计算机考试合格	32 学时	
	职称外语考试合格	40 学时	
10. 技术资格考试	注册类资格考试合格	48 学时	
	全国执业资格或职业水平考试合格	40 学时	
	公司能力等级考试合格	32 学时	
11. 其他实践活动	东西帮扶、援外及到基层、贫困地区扶贫	90 学时/年	
	为本专业继续教育活动提供教学	所授课时的 2 倍学时	

（四）人力资源社会保障部 财政部关于深化会计人员职称制度改革的指导意见

各省、自治区、直辖市及新疆生产建设兵团人力资源社会保障厅（局）、财政厅（局），中央和国家机关各部委、各直属机构人事部门，中央军委政治工作部干部局、后勤保障部财务局，各中央企业人事部门：

会计人员是维护社会主义市场经济秩序的重要力量。深化会计人员职称制度改革，完善符合会计工作职业特点的评价机制，对于提高会计人员专业能力，加强会计人员队伍建设，更好地服务经济高质量发展具有重要意义。为贯彻落实中共中央办公厅、国务院办公厅印发的《关于深化职称制度改革的意见》，现就深化会计人员职称制度改革提出如下指导意见。

一、总体要求

（一）指导思想

以习近平新时代中国特色社会主义思想为指导，全面贯彻落实党的十九大和十九届二中、三中全会精神，认真落实党中央、国务院决策部署，围绕人才强国战略和创新驱动发展战略，遵循会计人员成长规律，健全完善符合会计工作职业特点的职称制度，为科学评价会计人员专业能力提供制度保障，为用人单位择优聘任会计人员提供重要依据，为促进经济社会持续健康发展提供会计人才支撑。

（二）基本原则

1. 坚持服务发展。围绕新时代推进高质量发展对会计工作提出的新要求，充分发挥职称评价在会计人员能力评价方面的指挥棒和方向标作用，着力提升会计人员专业能力和职业素养，统筹推进会计人员队伍建设，为经济社会发展提供会计人才支撑。

2. 坚持科学评价。完善会计人员评价标准，科学设置评价标准条件，突出评价会计人员职业道德、能力素质和工作业绩，创新评价机制，丰富评价方式，充分调动会计人员干事创业的积极性、创造性。

3. 坚持以用为本。促进评价结果与会计人员培养、使用相结合，鼓励用人单位将选人用人制度与会计人员职称制度相衔接，引导用人单位根据工作需要择优聘任具有相应职称的会计人员。

二、主要内容

通过健全评价体系、完善评价标准、创新评价机制、促进职称制度与会计人员培养、使用相结合等措施，建立科学化、规范化、社会化的会计人员职称制度。

（一）健全评价体系

1. 完善会计人员职称层级。初级职称只设助理级，高级职称分设副高级和正高级，形成初级、中级、高级层次清晰、相互衔接、体系完整的会计人员职称评价体系。初级、中级、副高级和正高级职称名称依次为助理会计师、会计师、高级会计师和正高级会计师。

2. 会计人员各级别职称分别与事业单位专业技术岗位等级相对应。正高级对应专业技术岗位一至四级，副高级对应专业技术岗位五至七级，中级对应专业技术岗位八至十级，初级对应专业技术岗位十一至十三级。

（二）完善评价标准

1. 突出评价会计人员职业道德。坚持把职业道德放在评价首位，引导会计人员遵纪守法、勤勉尽责、参与管理、强化服务，不断提高专业胜任能力；要求会计人员坚持客观公正、诚实守信、廉洁自律、不做假账，不断提高职业操守。完善守信联合激励和失信联合惩戒机制，违反《中华人民共和国会计法》第四十条有关规定，以及剽窃他人研究成果，存在学术不端行为的，在会计人员职称评价过程中实行"一票否决制"。对通过弄虚作假取得的职称一律撤销。

2. 充分体现会计工作职业特点。注重对会计人员能力素质和实际贡献的评价，引导会计人员全面掌握经济与管理理论、财务会计理论，熟练运用会计业务技能，不断提高专业判断和分析能力，有效参与经营管理和决策。切实改变唯学历、唯资历、唯论文、唯奖项倾向。论文不作为会计人员职称评审的限制性条件。外语和计算机应用能力不作统一要求，由用人单位或评审机构根据需要自主确定。

3. 实行国家标准、地区标准和单位标准相结合。人力资源社会保障部、财政部负责制定《会计人员职称评价基本标准条件》（附后）。各地区人力资源社会保障部门、财政部门可根据本地区经济社会发展情况，制定地区标准。具有自主评审权的用人单位可结合本单位实际，制定单位标准。地区标准、单位标准不得低于国家标准。

4. 向优秀会计人员和艰苦边远地区会计人员倾斜。对在经济社会各项事业发展中作出重大贡献的优秀会计人员，可适当放宽学历、资历、年限等条件限制，建立职称评审绿色通道。对长期在艰苦边远地区工作的会计人员，重点考察其实际工作业绩，适当放宽学历和科研能力要求，引导会计人员扎根基层。

（三）创新评价机制

1. 丰富评价方式。综合采用考试、评审、考评结合等多种评价方式，建立适应不同层级会计工作职业特点的评价机制。助理会计师、会计师实行全国统一的会计专业技术资格考试，不断提高考试的科学性、安全性、公平性和规范性。助理会计师的考试日期、考试频次等管理权限，根据报考人数增长趋势等因素逐步下放，探索实行常态化考试、一年多考。高级会计师采取考试与评审相结合方式，正高级会计师一般采取评审方式。

2. 建立同行专家评审制度。完善评审专家遴选机制，加强评审委员会建设，积极吸纳高等院校、科研机构、大中型企事业单位的高水平会计人员担任评审专家。建立评审专家责任制，实行动态管理。各省（自治区、直辖市）、国务院有关部门、中央企业可按规定成立高级职称评审委员会。国务院有关部门和中央企业成立的高级职称评审委员会报人力资源社会保障部核准备案，其他高级职称评审委员会报省级人力资源社会保障部门核准备案。健全评审委员会工作程序和评审规则，明确界定参加评审的人员范围，加强对评审委员会的组织管理。建立评审公开制度，实行政策公开、标准公开、程序公开、结果公开，确保会计人员职称评审客观公正。

3. 下放评审权限。科学界定、合理下放职称评审权限，逐步将副高级职称评审权限下放至符合条件的企事业单位、社会组织或市地。自主评审单位组建的高级职称评审委员会应当按照管理权限报送省级以上人力资源社会保障部门核准备案。对于自主评审的单位，评审结果应当报送人力资源社会保障部门和财政部门备案。加强对自主评审工作的监管，对于不能正确行使评审权、不能确保评审质量的，将暂停自主评审工作直至收回评审权。

（四）促进职称制度与会计人员培养、使用相结合

1. 促进职称制度与会计人员培养相结合。充分发挥职称制度对会计人员培养质量的导向作用，推动会计人员职称制度与高端会计人才培养、会计专业学位研究生教育等有机衔接。探索建立注册会计师、资产评估师等职业资格与会计专业技术资格考试相同或相近科目互认互免等衔接措

施，减少重复评价，减轻会计人员负担，探索建立会计与审计、经济等属性相近职称系列（专业）的衔接措施。

2. 促进职称制度与会计人员使用相结合。用人单位应当结合用人需求，根据职称评价结果合理使用会计人员，实现职称评价结果与会计人员聘用、考核、晋升等用人制度相衔接。全面实行岗位管理的事业单位，一般应在岗位结构比例内，组织或推荐符合条件的会计人员参加职称评审，聘用具有相应职称的会计人员到相应会计岗位。不实行事业单位岗位管理的用人单位，可根据内部管理和会计工作需要，择优聘任具有相应职称的会计人员从事相关岗位会计工作。

3. 加强会计人员继续教育。继续教育是实现会计人员知识更新、能力提升的重要制度，用人单位应当保障本单位会计人员参加继续教育的权利。要按照《会计专业技术人员继续教育规定》（财会〔2018〕10号）有关要求，创新和丰富会计人员继续教育内容和手段，促进会计人员更新知识、拓展技能。

三、组织实施

会计人员职称制度改革政策性强，涉及面广，改革工作比较复杂，社会高度关注，必须按照国家统一部署要求开展工作，确保各项改革任务顺利实施。

（一）加强组织领导，抓好贯彻落实。要充分认识会计人员职称制度改革的重要意义，坚持党管人才原则，切实加强党委和政府对会计人员职称制度改革工作的统一领导。各级人力资源社会保障部门、财政部门具体负责会计人员职称制度改革的政策制定、组织实施和监督检查工作。各地、各有关部门和单位应当根据本指导意见要求，抓紧制定具体实施方案和配套办法。在推进改革过程中，要深入开展调查研究，细化工作措施，完善工作预案，确保改革顺利进行。

（二）加强政策衔接，稳妥有序推进。要抓紧清理与会计人员职称制度有关的政策文件，保证会计人员职称制度的协调统一。要妥善做好新老人员过渡和新旧政策衔接工作，确保改革顺利有序推进。国家增设正高级会计师之前，各地自行试点评审的会计系列正高级职称，要按照有关规定通过一定程序进行确认。在会计人员职称评审工作中，不得随意降低评价标准，不得擅自扩大评审范围。

（三）加强宣传引导，推动社会参与。各级人力资源社会保障部门、财政部门要加强宣传，搞好政策解读，引导会计人员积极参与会计人员职称制度改革，引导社会各有关方面支持会计人员职称制度改革，营造有利于推进改革的良好氛围。

本指导意见适用于国家机关、社会团体、公司、企业、事业单位和其他组织的会计人员。公务员符合条件的可以参加会计专业技术资格考试，但不得参加会计人员职称评审。

军队可结合自身实际制定会计人员职称评价的具体办法。

附件：会计人员职称评价基本标准条件

附件

会计人员职称评价基本标准条件

一、遵守《中华人民共和国会计法》和国家统一的会计制度等法律法规。

二、具备良好的职业道德，无严重违反财经纪律的行为。

三、热爱会计工作，具备相应的会计专业知识和业务技能。

四、按照要求参加继续教育。

五、会计人员参加各层级会计人员职称评价，除必须达到上述标准条件外，还应分别具备以下标准条件：

（一）助理会计师

1. 基本掌握会计基础知识和业务技能。

2. 能正确理解并执行财经政策、会计法律法规和规章制度。

3. 能独立处理一个方面或某个重要岗位的会计工作。

4. 具备国家教育部门认可的高中毕业（含高中、中专、职高、技校）以上学历。

（二）会计师

1. 系统掌握会计基础知识和业务技能。

2. 掌握并能正确执行财经政策、会计法律法规和规章制度。

3. 具有扎实的专业判断和分析能力，能独立负责某领域会计工作。

4. 具备博士学位；或具备硕士学位，从事会计工作满 1 年；或具备第二学士学位或研究生班毕业，从事会计工作满 2 年；或具备大学本科学历或学士学位，从事会计工作满 4 年；或具备大学专科学历，从事会计工作满 5 年。

（三）高级会计师

1. 系统掌握和应用经济与管理理论、财务会计理论与实务。

2. 具有较高的政策水平和丰富的会计工作经验，能独立负责某领域或一个单位的财务会计管理工作。

3. 工作业绩较为突出，有效提高了会计管理水平或经济效益。

4. 有较强的科研能力，取得一定的会计相关理论研究成果，或主持完成会计相关研究课题、调研报告、管理方法或制度创新等。

5. 具备博士学位，取得会计师职称后，从事与会计师职责相关工作满 2 年；或具备硕士学位，或第二学士学位或研究生班毕业，或大学本科学历或学士学位，取得会计师职称后，从事与会计师职责相关工作满 5 年；或具备大学专科学历，取得会计师职称后，从事与会计师职责相关工作满 10 年。

（四）正高级会计师

1. 系统掌握和应用经济与管理理论、财务会计理论与实务，把握工作规律。

2. 政策水平高，工作经验丰富，能积极参与一个单位的生产经营决策。

3. 工作业绩突出，主持完成会计相关领域重大项目，解决重大会计相关疑难问题或关键性业务问题，提高单位管理效率或经济效益。

4. 科研能力强，取得重大会计相关理论研究成果，或其他创造性会计相关研究成果，推动会计行业发展。

5. 一般应具有大学本科及以上学历或学士以上学位，取得高级会计师职称后，从事与高级会计师职责相关工作满5年。

省级高端会计人才培养工程毕业学员，视同具备前述第1至第4项标准条件，满足第5项条件，即可申报评审正高级会计师职称。全国高端会计人才培养工程毕业学员，按程序由正高级职称评审委员会认定取得正高级会计师职称。

（五）人力资源社会保障部　关于深化经济专业人员职称制度改革的指导意见

各省、自治区、直辖市及新疆生产建设兵团人力资源社会保障厅（局），国务院各部委、各直属机构人事部门，各中央企业人事部门：

经济专业人员是专业技术人才队伍的重要组成部分，是推动我国经济高质量发展的重要力量。为贯彻落实中共中央办公厅、国务院办公厅印发的《关于深化职称制度改革的意见》，现就深化经济专业人员职称制度改革提出如下指导意见。

一、总体要求

（一）指导思想

以习近平新时代中国特色社会主义思想为指导，全面贯彻党的十九大和十九届二中、三中全会精神，认真落实党中央、国务院决策部署，按照建设现代化经济体系和深化职称制度改革总体要求，遵循经济领域人才资源开发规律，健全完善符合经济专业人员职业特点的职称制度，科学客观公正评价经济专业人员，释放经济专业人员创新创业活力，为推动我国经济高质量发展提供人才支撑。

（二）基本原则

1. 坚持服务发展。立足经济领域各行业特点，突出经济活动的职业属性和岗位要求，引导经济专业人员提高能力素质，提升职称评价与社会主义市场经济改革的契合度，促进实体经济、科技创新、现代金融与人力资源协同发展，不断增强我国经济创新力和竞争力。

2. 坚持科学评价。分级分类完善评价标准，突出专业水平和创新实践，克服唯学历、唯资历、唯论文、唯奖项倾向，发挥人才评价"指挥棒"作用，充分调动经济专业人员积极性、创造性。

3. 坚持继承与创新相结合。巩固经济领域人才评价改革成果，总结完善经济专业技术资格考试制度，健全经济专业人员职称制度体系，创新高级经济专业人员职称评价机制，加大对非公有制经济及新兴产业的人才支撑。

4. 坚持以用为本。围绕用好用活人才，加强职称评价的科学性和针对性，提高评价结果的公信力，促进职称制度与各类用人单位人事管理制度相衔接，做到以用促评、评用结合。

二、主要内容

通过健全制度体系、完善评价标准、创新评价机制、与人才使用相衔接、强化监督管理等措施，形成以品德、能力和业绩为导向，以社会和业内认可为核心，覆盖各类经济专业人员的职称制度。

（一）健全制度体系

1. 完善职称层级。经济专业人员职称设初级、中级、高级，初级职称只设助理级，高级职称分设副高级和正高级。初级、中级、副高级和正高级职称名称依次为助理经济师、经济师、高级经济师、正高级经济师。

为进一步体现专业属性，部分专业的职称名称直接以专业命名。人力资源管理专业的职称名称为助理人力资源管理师、人力资源管理师、高级人力资源管理师、正高级人力资源管理师。知识产权专业的职称名称为助理知识产权师、知识产权师、高级知识产权师、正高级知识产权师。其他专业在职称名称后标注，如经济师（金融）、经济师（财政与税收）等。

2. 动态调整专业设置。根据经济社会发展和职业分类要求，适时调整经济系列专业设置。对从业人员数量较大、评价需求稳定、发展良好的工商管理、金融、人力资源管理等专业，做好专业建设，持续稳定开展评价工作；对行业发展变化较大、评价需求不断缩减、从业人员数量较小的专业，及时调整或取消；在发展势头良好、评价需求旺盛的知识产权等领域，增设新的专业；对知识结构、岗位要求相近的专业，及时进行整合。实行全国统一考试的专业设置由国家统一公布。

3. 实现职称制度与职业资格制度有效衔接。专业技术人员取得经济专业技术资格、房地产估价师、拍卖师、资产评估师、税务师和工程咨询（投资）、土地登记代理、房地产经纪、银行业等领域相关职业资格，可对应经济系列相应层级的职称，并可作为申报高一级职称的条件。探索建立经济系列与会计、审计等属性相近职称系列（专业）的衔接措施，减少重复评价，减轻经济专业人员负担。

4. 经济专业人员各级别职称分别与事业单位专业技术岗位等级相对应。正高级对应专业技术岗位一至四级，副高级对应专业技术岗位五至七级，中级对应专业技术岗位八至十级，初级对应专业技术岗位十一至十三级。

（二）完善评价标准

1. 坚持德才兼备，以德为先。把经济专业人员职业道德放在评价首位，引导经济专业人员遵纪守法、爱岗敬业。鼓励经济专业人员不断更新知识、创新思路，提高专业素养和业务能力，积极投身现代化经济体系建设。完善经济专业人员职称评价诚信体系建设，对存在学术造假等问题的经济专业人员实行"一票否决制"。通过弄虚作假、暗箱操作等取得的职称一律撤销。

2. 以专业能力为核心，分级分类完善评价标准。按照专业分类，科学确定评价内容，满足不同层级、不同行业经济专业人员的评价需求。初、中级职称注重考察专业基础知识和实务能力；高级职称注重考察理论素养和业绩水平，突出评价在经济社会发展中的创新引领作用和取得的经济效益、社会效益。

3. 实行国家标准、地区标准、单位标准相结合。人力资源社会保障部负责制定《经济专业人员职称评价基本标准条件》（附后）。各省（自治区、直辖市）可根据本地区经济社会发展情况，制定地区标准。具有自主评审权的用人单位可结合本单位实际，制定单位标准。地区标准、单位标准不得低于国家标准。

（三）创新评价机制

1. 丰富评价方式。经济专业人员初、中级实行以考代评的方式，不再进行相应的职称评审或认定。副高级采取考试与评审相结合方式，正高级一般采取评审方式。初级、中级、副高级考试由全国统一组织，统一科目、统一大纲。副高级和正高级职称评审坚持同行专家评议，综合运用成果展示、个人述职、履历分析、业绩考察等多种形式，确保客观公正。

2. 加强职称评审委员会建设。建立同行专家评审制度，积极吸纳财政、金融、工商管理等经济领域的权威专家，组建经济系列高级职称评审委员会。严格落实职称评审委员会核准备案制度。国务院有关部门和中央企业成立的高级职称评审委员会报人力资源社会保障部核准备案，其他高级职称评审委员会报省级人力资源社会保障部门核准备案。经济系列高级职称评审可按照国家公布的经济专业技术资格考试专业进行，也可按经营管理、财税金融、人力资源等专业类别，分类开展评审。

3. 推进社会化职称评审工作。畅通非公有制经济组织、社会组织、自由职业经济专业人员职称申报渠道。依托专业水平较高、具备较强服务能力和影响力、能够自律规范的专业化人才服务机构、行业协会学会等社会组织，吸纳非公有制经济领域同行专家组成评审委员会，开展经济系列社会化人才评价。

4. 向优秀经济专业人员和艰苦边远地区经济专业人员倾斜。对在创新经济活动方式、构建新业态、推动行业发展等方面做出重大贡献的经济专业人员，可适当放宽学历、资历等条件限制，建立职称评审绿色通道。对长期在艰苦边远地区和基层一线工作的经济专业人员，重点考察其实际工作业绩，适当放宽学历和科研能力要求，引导经济专业人员在基层一线建功立业。

（四）促进职称评价与人才使用有效衔接

1. 促进经济专业人员职称评价与使用相结合。实现职称评价与人员聘用、考核、晋升等用人制度相衔接，做到因事设岗、按岗择人、人岗相适。建立健全经济专业人员考核制度，加强聘后管理，在岗位聘用中实现人员能上能下。

2. 加强高级职称评审服务平台建设。鼓励各地、各有关部门建立完善经济系列高级职称评审服务平台，减少各类证明材料，简化审核程序，规范评审工作流程，提高评审工作效率，提供便捷服务。

（五）强化监督管理

1. 加强职称评价监管。各省（自治区、直辖市）人力资源社会保障部门要加强对经济专业人员职称工作的指导和监管，确保评价公开透明、公平公正。考试机构安全风险管控不力的，要严肃追责。不能正确行使评审权、不能确保评审质量的，要暂停评审工作、责令进行整改，直至收回评审权。

2. 探索建立职称申报评审诚信档案和失信黑名单制度。参评人员、工作人员、评审专家等有弄虚作假、暗箱操作等违法违规行为的，违规记录纳入信用信息共享平台，按专业技术人员信用信息管理有关规定实施联合惩戒。受到党纪、政务、行政处分的经济专业人员，在影响期内不得申报职称评审。

三、组织实施

（一）加强组织领导。经济专业人员职称制度改革是分类推进职称制度改革的重要内容，政策性强、涉及面广，各省（自治区、直辖市）人力资源社会保障部门要高度重视，加强领导，明确责任，与行业主管部门密切配合，确保经济专业人员职称制度改革平稳推进。各地在改革中要及时总结经验，出现新情况、新问题要及时研究解决，妥善处理好改革、发展和稳定的关系。

（二）稳慎推进改革。各省（自治区、直辖市）人力资源社会保障部门要结合本地区实际，落实好各项改革举措。对改革前各地自行试点评审的经济专业人员正高级职称，要按规定通过一定程序进行确认，具体办法由各地、各有关部门和单位另行制定。各层级职称评审工作严格按照本意见规定进行，不得随意降低评价标准条件、擅自扩大评审范围。

（三）做好宣传引导。各省（自治区、直辖市）人力资源社会保障部门要加强宣传引导，搞好政策解读，充分调动经济专业人员的积极性，引导广大经济专业人员积极支持和参与，营造有利于经济专业人员职称制度改革的良好氛围。

本指导意见适用于在企业、事业单位、社会团体、个体经济组织等组织中从事经济相关工作的专业技术人员。

附件：经济专业人员职称评价基本标准条件

附件

经济专业人员职称评价基本标准条件

一、遵守中华人民共和国宪法和法律法规，贯彻落实党和国家方针政策。

二、具有良好的职业道德、敬业精神。

三、热爱本职工作，认真履行岗位职责，按照要求参加继续教育。

四、经济专业人员申报各层级职称，除必须达到上述基本条件外，还应分别具备以下条件：

（一）助理经济师

1. 具有较系统的经济专业理论知识和业务技能。

2. 能够独立地对专项经济活动进行分析综合，提出建设性的意见。

3. 具备国家教育部门认可的高中毕业（含高中、中专、职高、技校）以上学历。

（二）经济师

1. 具有系统的经济专业理论知识，能够理解和正确执行国家有关方针、政策。

2. 有较丰富的经济工作实践经验，能够独立地解决较复杂的业务问题。

3. 工作业绩良好，取得一定的成果或经济效益。

4. 具备博士学位；或具备硕士学位，从事相关专业工作满 1 年；或具备第二学士学位或研究生班毕业，从事相关专业工作满 2 年；或具备大学本科学历或学士学位，从事相关专业工作满 4 年；或具备大学专科学历，从事相关专业工作满 6 年；或高中毕业或中等专业学校毕业，取得经济系列初级职称，从事相关专业工作满 10 年。

（三）高级经济师

1. 系统掌握经济工作专业理论、方法、技巧和相关政策法规。

2. 能够设计实施经济项目或经济活动方案，推动经济活动有序合规展开。

3. 工作业绩较为突出，能够指导助理经济师、经济师等参与经济工作的各类从业人员合理合规开展工作。

4. 有较强的理论研究能力，能够开展经济工作政策、实务研究，创新经营管理理念和专业方法。

5. 具备博士学位，取得经济师职称后，从事与经济师职责相关工作满 2 年；或具备硕士学位，或第二学士学位或研究生班毕业，或大学本科学历或学士学位，取得经济师职称后，从事与经济师职责相关工作满 5 年；或具备大学专科学历，取得经济师职称后，从事与经济师职责相关工作满 10 年。

（四）正高级经济师

1. 具有系统、深厚的专业理论和实务经验，熟悉与本专业相关的法律、法规或经济政策。

2. 熟练运用经济工作专业理论、方法、技巧和相关政策法规，高标准组织设计、实施和评估经济项目或活动方案，提升经济运行水平。

3. 工作业绩突出，能够指导助理经济师、经济师、高级经济师等参与经济工作的各类从业人员高效合规地开展工作，并通过专业督导，改进工作方法，提高本行业职业能力水平。

4. 具有较强的综合分析能力和解决经济活动中重大疑难问题的能力，能够针对具体经济问题，开展经济工作政策、理论与实务研究，创新经济经营管理理念和专业方法，为本行业（地区、部门）的经营管理政策的制定提出建设性意见。

5. 一般应具备大学本科及以上学历或学士以上学位，取得高级经济师职称后，从事与高级经济师职责相关工作满 5 年。

五、参加高级经济师、正高级经济师评审的经济专业人员，从事经济工作近五年内，满足以下条件之一的，同等条件下可予以优先考虑：

（一）主持大中型企业的中外投融资、企业改制、兼并重组、管理创新等项目，达到预期目标；

（二）主持省部级及以上基础设施建设项目设计、技术改造方案论证、可行性评估等，得到成功实施；

（三）主持制定的重点行业规划、重要经济政策规章、重大行业标准等，经主管部门批准或采纳，颁布实施后取得了良好的经济效益和社会效益；

（四）主持完成在经济领域内具有重大影响、得到有效应用的研究报告、项目报告、行业标准、发展规划等代表性成果；

（五）主持完成的经济领域相关研究项目、研究报告等，被省部级及以上单位采纳，并转化为实施方案；

（六）主持或作为主要成员参与政府或社会组织开展的重大经济活动，取得显著成绩；

（七）主持完成的经济研究成果获省部级及以上奖励；

（八）出版的本专业学术著作或发表的专业论文，在经济领域产生较大影响，受到同行专家公认。

（六）人力资源社会保障部　国家统计局关于深化统计专业人员职称制度改革的指导意见

各省、自治区、直辖市及新疆生产建设兵团人力资源社会保障厅（局）、统计局，国家统计局各调查总队，国务院各部委、各直属机构人事部门，各中央企业人事部门：

统计专业人员是专业技术人才队伍的重要组成部分，是推进统计事业和统计服务高质量发展的智力基础。为贯彻落实中共中央办公厅、国务院办公厅印发的《关于深化职称制度改革的意见》，现就深化统计专业人员职称制度改革提出如下指导意见。

一、总体要求

（一）指导思想

以习近平新时代中国特色社会主义思想为指导，全面贯彻党的十九大和十九届二中、三中、四中全会精神，认真落实党中央、国务院决策部署，按照完善统计体制和深化职称制度改革总体要求，遵循统计专业人员成长规律，健全科学化、规范化的统计专业人员职称制度，完善评价机制，为客观科学公正评价统计专业人员、不断壮大统计人才队伍提供制度保障，为统计事业发展和统计服务高质量发展提供人才支撑。

（二）基本原则

1. 坚持服务发展。紧紧围绕服务新时代经济社会发展需要，围绕统计事业发展和统计人才队伍建设需求，发挥人才评价"指挥棒"和风向标作用，营造有利于人才成长和发挥作用的评价制度环境，用好用活人才，促进统计专业人员职业发展，最大限度激发和释放统计人才活力。

2. 坚持科学评价。优化评价标准，创新评价机制，丰富评价方式，以职业道德、能力素质和工作业绩为重点，科学设置符合统计专业人员特点的评价条件。克服唯学历、唯资历、唯论文、唯奖项倾向，加强对业绩成果的考察，鼓励和引导统计专业人员立足本职工作，深耕专业，让作出贡献的人才有成就感和获得感。

3. 坚持评用结合。加强对科学精神、职业道德和从业行为等方面的评价考核，引导统计专业人员知法守法，坚持职业操守，确保统计数据真实可靠。促进评价结果与统计人才培养、使用相结合，鼓励用人单位将选人用人制度与统计专业人员职称制度有机衔接，促进人岗相适、人尽其才。

二、主要内容

通过健全统计评价体系、完善评价标准、规范评价程序、改革评价方式、丰富评价手段，形成设置合理、评价科学、管理规范、运转协调的统计专业人员职称制度。

（一）健全评价体系

1. 完善职称层级设置。统计专业人员职称设初级、中级、高级，初级只设助理级，高级分设副高级和正高级。初级、中级、副高级和正高级职称的名称分别为助理统计师、统计师、高级统计师和正高级统计师。

2. 统计专业人员各级别职称分别与事业单位专业技术岗位等级相对应。正高级对应专业技术岗位一至四级，副高级对应专业技术岗位五至七级，中级对应专业技术岗位八至十级，初级对应专业技术岗位十一至十三级。

（二）优化评价标准

1. 坚持德才兼备，以德为先。把政治品德和职业道德放在评价标准的首位，要求统计专业人员坚持实事求是、不出假数、廉洁自律的职业操守。完善失信联合惩戒机制，对违反统计法律法规，存在严重失信的统计专业人员进行联合惩戒，实行学术造假"一票否决制"。对通过弄虚作假、暗箱操作等取得的职称一律撤销。事业单位工作人员受到记过以上处分的，在受处分期间不得申报参加职称评审。

2. 突出对能力水平和实际贡献的评价。改变在科研成果评价中过分依赖学术论文的做法，实行科研成果代表作制度。各地区、各相关单位可结合实际建立科研成果代表作清单，引入统计理论文章、分析报告、项目报告、行业标准、调查方案、发展规划等成果形式，重点考察成果质量。强化统计服务经济社会发展的导向，引导统计专业人员不断提高统计分析研究能力，促进统计数据在决策管理等方面更好发挥作用。提高技术创新、专利、技术推广、标准制定等评价指标权重，将科研、业绩成果取得的经济效益和社会效益作为职称评审的重要内容。

3. 实行分类差异化评价。对基础统计理论研究人员，以同行学术评价为主，注重评价其原创能力和解决重大科学问题的能力，尤其是研究成果的科学价值、学术水平和业内影响。对应用统计研究和技术开发人员，突出市场和社会评价，注重评价其技术创新与集成能力、取得的自主知识产权和重大技术突破、成果转化及对产业发展的实际贡献。对从事大数据、微观数据等统计科技服务的人员，将行业评价作为重要参考，注重评价其工作绩效、项目成果和取得的社会经济效益。探索对教育、卫生、金融等不同行业领域从事统计研究、行业统计等工作的统计专业人员实行分类评价。

4. 实行国家标准、地区标准和单位标准相结合。人力资源社会保障部、国家统计局负责制定《统计专业人员职称评价基本标准》（见附件）。

141

各地区人力资源社会保障部门和统计部门可结合本地区实际情况，制定地区标准。具有自主评审权的用人单位可结合本单位实际，制定单位标准。地区标准、单位标准不得低于国家标准。

（三）完善评价机制

1. 丰富职称评价方式。助理统计师、统计师实行以考代评，高级统计师实行考试与评审相结合的方式，正高级统计师一般采取评审方式。研究建立以同行专家评价为基础的业内评价机制，综合运用个人述职、面试答辩、业绩展示等多种形式，提高评价的针对性和科学性。

2. 合理下放职称评审权限。在综合评估基础上，逐步将高级职称评审权限下放至符合条件的企事业单位、社会组织或市地。自主评审单位组建的高级职称评审委员会须按照管理权限报省级以上人力资源社会保障部门核准备案。对开展自主评审的单位，政府部门不再审批评审结果，改为事后备案管理。各级人力资源社会保障部门会同统计部门加强对自主评审工作的监管，对于不能正确行使评审权、不能确保评审质量的，将暂停自主评审工作直至收回评审权。

3. 向艰苦边远地区统计专业人员和特殊人才倾斜。对长期在艰苦边远地区和基层一线工作的统计专业人员，重点考察其实际工作业绩贡献和解决实际问题的能力，适当放宽学历要求。开展基层统计专业人员职称"定向评价、定向使用"。对引进的海外高层次人才、国家级统计高端人才和急需紧缺人才，可放宽资历、年限等条件限制，建立职称评审绿色通道。取得重大基础研究和前沿技术突破、解决重大技术难题、在统计事业发展中作出重大贡献的人员，可直接申报参加正高级统计师职称评审。

4. 畅通职称评价渠道。打破户籍、所有制、身份、档案等制约，不断壮大统计专业人员队伍。非公有制领域与公立机构的统计专业人员，公立机构中各种方式使用的统计专业人员在职称申报、评审等方面享有同等待遇。事业单位统计专业人员经批准离岗创业的，3 年内与原单位人员享有同等的职称评审权利，离岗创业期间所取得的业绩成果可作为职称评审的依据。

（四）促进职称评价与人才培养使用有效衔接

1. 促进职称制度与统计专业人员使用有效衔接。用人单位应结合用人需求，根据职称评价结果合理使用统计专业人员。全面实行岗位管理的事业单位一般应在岗位结构比例内开展职称评审，聘用具有相应职称的统计专业人员到相应统计岗位。不实行事业单位岗位管理的用人单位，可根据需要择优聘任具有相应职称的统计专业人员从事相关岗位统计工作。

2. 促进职称制度与统计人才培养相结合。推进职称评审与专业技术人员继续教育制度相衔接，加快统计专业人员知识更新。推动统计专业人员职称制度与高端统计人才培养、统计专业学位研究生教育等有机衔接，促进统计职称与经济、会计、审计等相近职称以及哲学社会科学研究系列中统计研究相关职称的衔接，减少重复评价。

（五）加强评审管理，优化评审服务

1. 完善评审专家遴选机制。坚持同行专家评审，注重遴选统计一线专家，吸收一定比例的高校、科研机构的高水平专家加入统计系列高级职称评审委员会，优化职称评审委员会结构。

2. 规范开展职称评审工作。规范高级职称评审委员会工作程序，细化评审规则，严肃评审纪律，强化评审考核，明确职称评审委员会工作人员和评审专家责任，建立倒查追责机制。健全完善职称评审公示制度、回避制度和随机抽查、巡查制度，建立复查、投诉机制；加强对评价全过程的监督管理，做到政策公开、标准公开、程序公开、结果公开。

3. 优化评审服务。规范和优化申报程序，简化申报证明材料，推行职称申报、评审、公示、查询等一站式服务，减轻职称申报人员负担，消除统计专业人员职称申报的流程障碍。

三、组织实施

（一）加强领导，周密组织

统计专业人员职称制度改革是深化职称制度改革的重要内容，政策性强、涉及面广，各地、各有关部门和单位要高度重视，加强领导，抓紧落实。要加强调查研究、细化工作措施，保证各项政策的一致性，注重配套办法的实用性。对改革过程中遇到的矛盾和问题要妥善处理，重大问题及时上报。

（二）有序推进，稳步实施

要妥善做好新老人员过渡和新旧政策衔接工作，改革前各地自行试点评审的正高级统计师，要按照有关规定通过一定程序进行确认。在新的职称评审工作中，要严格按照本意见有关要求进行，不得随意降低评价标准或擅自扩大评审范围。各地区和各相关单位要坚持质量第一、宁缺毋滥的原则，对本地区、本单位正高级职称数量进行严格把控，统筹考虑高层次人才队伍建设的长远规划，合理确定比例。

（三）扩大宣传，加强引导

各级人力资源社会保障部门和统计部门要加强舆论宣传，做好政策解读，引导统计专业人员积极参与统计职称制度改革，进一步壮大基层统计专业人员力量，提升统计专业人员能力素质。引导社会各有关方面支持统计专业人员职称制度改革，营造有利于改革的良好氛围。充分发挥社会组织的专业优势，逐步推动具备条件的行业协会、学会等组织和专业机构有序承接统计专业人员高级职称评价工作。

本意见适用于在国家机关、社会团体、企事业单位和其他组织从事统计工作的人员。符合条件的公务员可以参加统计专业技术资格考试，但不得参加职称评审。

军队可参照本意见制定统计专业人员职称评价具体办法。

附件：统计专业人员职称评价基本标准

附件

统计专业人员职称评价基本标准

一、遵守中华人民共和国宪法和统计法律法规，贯彻执行党的基本路线和各项方针、政策。

二、具备良好的统计职业道德和敬业精神，自觉维护统计数据真实性，坚决抵制统计造假、弄虚作假。

三、认真履行岗位职责，按照要求参加继续教育。

四、统计专业人员申报各层级职称，除必须达到上述基本条件外，还应分别具备以下条件：

（一）助理统计师

1. 掌握基本统计理论知识和业务技能。

2. 能够完成一个岗位或负责一个专业某一方面的统计业务工作。

3. 了解统计制度和统计方法，能准确及时填报或汇总报表。

4. 能够拟定简单的统计调查方案，独立进行调查研究。

5. 具备国家教育部门认可的高中毕业（含高中、中专、职高、技校，下同）及以上学历。

（二）统计师

1. 掌握比较系统的统计理论知识和业务知识，熟悉计算技术。

2. 能够负责组织和指导一个单位、一个专业的统计业务工作，能够拟定统计调查方案并组织实施。

3. 熟悉统计制度和统计方法，能够设计、汇总专业性较强的统计报表。

4. 能够对本专业有关的社会经济问题进行调查研究和综合分析，形成有一定水平的工作成果。

5. 能够指导助理统计师开展统计调查工作。

6. 具备博士学位；或具备硕士学位，从事统计工作满 1 年；或具备第二学士学位或研究生班毕业，从事统计工作满 2 年；或具备大学本科学历或学士学位，从事统计工作满 4 年；或具备大学专科学历，从事统计工作满 6 年；或高中毕业，取得助理统计师职称，从事统计相关工作满 10 年。

（三）高级统计师

1. 掌握系统的统计理论和比较丰富的业务知识。

2. 能够负责组织和指导一个地区、一个部门、一个专业的统计业务工作，带领、指导统计师及其他统计工作人员完成拟定调查方案、组织实施统计调查等任务。有较为丰富的统计工作经验和解决统计工作中重大问题的能力，能为生产经营活动、经济管理工作或领导决策提供指导或咨询。

3. 能够对社会经济问题进行系统的调查研究，写出较高水平的统计调查、分析研究报告或较高应用价值和学术水平的论文、论著等。能够对社会经济的现状和发展作出科学的分析和预测。

4. 为加强本领域统计基础、提高统计数据质量、提升经济效益起到积极作用。能够指导培养中、初级统计专业人才。

5. 具备博士学位，取得统计师职称后，从事与统计师职责相关工作满 2 年；或具备硕士学位、研究生班毕业或第二学士学位、大学本科学历或学士学位，取得统计师职称后，从事与统计师职责相关工作满 5 年；或具备大学专科学历，取得统计师职称后，从事与统计师职责相关工作满 10 年。

6. 具有经济、会计、审计及哲学社会科学研究（理论经济学、应用经济学、数学、统计学、计算机科学与技术）等与统计相近专业中级职称，可依据上述学历资历和业绩条件，申报高级统计师职称。

（四）正高级统计师

1. 熟练掌握系统的统计知识，理论功底深厚，业务知识丰富。掌握统计发展研究现状和发展趋势，能将国内外最新技术应用于工作实践。

2. 在统计专业技术团队中发挥领军作用，在指导、培养中青年技术骨干方面作出突出贡献，在统计人才培养方面具有重要影响力。

3. 熟练掌握统计方法制度、调查理论和操作技能。能够对社会经济问题进行系统的调查研究，写出高水平的统计调查报告或高应用价值和学术水平的论文、论著，能够对统计理论、统计制度和统计方法进行科学研究，提出有重要价值的建议。

4. 组织完成统计理论、改革、技术等方面调查研究和课题设计，独立指导解决本领域关键技术问题，取得显著社会经济效益。

5. 一般应具备大学本科及以上学历或学士及以上学位，取得高级统计师职称后，从事与高级统计师职责相关工作满 5 年。

6. 具有经济、会计、审计及哲学社会科学研究（理论经济学、应用经济学、数学、统计学、计算机科学与技术）等与统计相近专业副高级职称，可依据上述学历资历和业绩条件，申报正高级统计师职称。

（七）人力资源社会保障部 审计署关于深化审计 专业人员职称制度改革的指导意见

各省、自治区、直辖市及新疆生产建设兵团人力资源社会保障厅（局）、审计厅（局），中央和国家机关各部委人事部门，中央军委审计署，各中管金融企业、中央企业人事部门：

审计专业人员是专业技术人才队伍的重要组成部分，是维护国家财政经济秩序、保障经济社会健康发展的重要力量。为贯彻落实中共中央办公厅、国务院办公厅印发的《关于深化职称制度改革的意见》，现就深化审计专业人员职称制度改革提出如下指导意见。

一、总体要求

（一）指导思想

以习近平新时代中国特色社会主义思想为指导，全面贯彻党的十九大和十九届二中、三中、四中、五中全会精神，认真落实党中央、国务院决策部署，按照完善审计管理体制和深化职称制度改革总体要求，遵循审计专业人员成长规律，健全科学化、规范化的审计专业人员职称制度，完善评价机制，为客观科学公正评价审计专业人员，建设信念坚定、业务精通、作风务实、清正廉洁的高素质专业化审计人才队伍提供制度保障。

（二）基本原则

1. 坚持服务发展。紧紧围绕服务新时代经济社会发展需要，围绕审计事业发展和审计人才队伍建设需求，发挥人才评价"指挥棒"和"风向标"作用，营造有利于人才成长和职业发展的评价制度环境，积极引进优秀人才，最大限度激发和释放审计人才活力，让在一线踏踏实实做出贡献

149

的审计专业人员有成就感和获得感。

2. 坚持科学评价。结合国家审计、内部审计、社会审计等不同领域审计工作实际开展分类评价，完善自然资源资产审计、大数据审计、风险管理审计等新兴审计领域评价标准，创新评价机制，丰富评价方式。切实破除唯学历、唯资历、唯论文、唯奖项倾向，突出考察审计专业人员的职业道德、能力素质和工作业绩。

3. 坚持以用为本。促进评价结果与审计专业人员培养、使用相结合，鼓励用人单位将选人用人制度与审计专业人员职称制度有机衔接，促进人岗相适、人尽其才，不断壮大优化审计专业人才队伍。

二、主要内容

通过健全评价体系、完善评价标准、创新评价机制、促进职称评价与人才培养使用有效衔接、加强职称评审监督和服务，形成设置合理、评价科学、管理规范、运转协调的审计专业人员职称制度。

（一）健全评价体系

1. 完善职称层级设置。审计专业人员职称设初级、中级、高级，初级职称只设助理级，高级职称分设副高级和正高级。初级、中级、副高级和正高级职称名称依次为助理审计师、审计师、高级审计师和正高级审计师。

2. 审计专业人员各级别职称分别与事业单位专业技术岗位等级相对应。正高级对应专业技术岗位一至四级，副高级对应专业技术岗位五至七级，中级对应专业技术岗位八至十级，初级对应专业技术岗位十一至十三级。

（二）完善评价标准

1. 坚持德才兼备、以德为先。把政治品德和职业道德放在职称评价的首位，引导审计专业人员坚持以审计精神立身、以创新规范立业、以自身建设立信，恪守审计准则和职业操守。完善诚信承诺、守信联合激励和失信联合惩戒机制，对违反法律法规、违背职业道德、学术不端等行为实行"零容忍"。

2. 实行分级分类评价。科学确定评价内容，满足不同层级、不同类别审计专业人员的评价需求。初级、中级职称注重考察专业基础和实务能力，高级职称注重考察业绩水平和业务引领作用。对企事业单位和社会团体从事内部审计、社会审计人员，包括从事内部稽核和风险管理相关工作的审计人员，突出评价其职业判断能力和工作成果取得的经济社会效益；对从事国家审计人员，建立健全专业能力标准评价体系，注重评价其工作业绩、政策水平和专业能力，将通过审计专业技术资格考试作为专业能力评价的参考。

3. 突出对能力水平和业绩贡献的评价。充分体现审计职业属性，注重考察审计专业人员的能力水平、创新成果和实际贡献，引导审计专业人员增强政治能力、专业胜任能力、宏观政策研究能力和审计信息化能力。实行审计业务和理论成果代表作制度，将审计专业人员的代表性业务成果作为职称评价的主要内容，审计报告、审计方案等业务资料，审计工作制度、专利证书等工作成果均可以作为业务成果代表作；审计理论文章、调研报告、科研课题、著作教材、审计案例等均可以作为理论成果代表作。

4. 实行国家标准、地区标准和单位标准相结合。人力资源社会保障部、审计署负责制定《审计专业人员职称评价基本标准》（见附件）。各地区人力资源社会保障部门、审计部门可以结合本地区实际情况，制定地区标准。具有自主评审权的用人单位可以结合本单位实际，制定单位标准。各地区各部门各单位在评价工作中应严格掌握国家标准。地区标准、单位标准不得低于国家标准。

（三）创新评价机制

1. 丰富职称评价方式。综合采用考试、评审、考评结合等多种评价方式，建立适应不同层级审计工作特点的评价机制。人力资源社会保障部、审计署组织全国统一的初、中、高级审计专业技术资格考试，不断提高考试的科学性、实用性、公平性和规范性，注重对审计知识和能力的考查，对必要的会计、法律、计算机等知识进行考查。助理审计师、审计师实行考试方式；高级审计师实行考试与评审相结合的方式，高级审计师考试合格可以作为审计专业能力水平的证明；正高级审计师一般采取评审方式。

2. 加强职称评审委员会建设。建立同行专家评审制度，完善评审专家遴选机制，积极吸纳经济、法律、计算机、工程等领域学术和实务专家参加职称评审委员会。健全评审委员会工作程序和评审规则，明确界定参加评审的人员范围，加强对评审委员会的组织管理。建立评审公开制度，实行政策公开、标准公开、程序公开、结果公开，确保审计专业人员职称评审客观公正。

3. 合理下放职称评审权限。在综合评估基础上，逐步将副高级职称评审权限下放至符合条件的中央企业和中管金融企业、行业协会学会等组织。畅通非公有制经济组织、社会组织审计专业人员职称申报渠道，探索依托专业水平较高、具备较强服务能力和影响力、自律规范的专业化人才服务机构、行业协会学会等社会组织，开展审计系列职称社会化人才评价。人力资源社会保障部门和审计部门要严格评估自主评审单位的职称评价水平，加强事中事后监管。自主评审单位组建的高级职称评审委员会须按规定备案。

4. 建立职称评审绿色通道。向优秀审计专业人员倾斜，对引进的海外高层次人才、急需紧缺人才、审计高端人才，以及在创新审计技术和方式方法、推动行业发展等方面做出重大贡献的审计专业人员，可以放宽学历、资历、年限等条件限制。对长期在艰苦边远地区和基层一线工作的审计专业人员，重点考察其实际工作业绩，适当放宽学历、任职年限、理论成果等要求。

（四）促进职称评价与人才培养使用有效衔接

1. 促进职称制度与审计专业人员培养相结合。充分发挥职称制度对审计专业人员培养质量的导向作用，推动职称制度与审计高端人才培养、审计专业学位研究生教育等有机衔接。对取得审计专业学位人员，探索在审计职称评价中免予考查相应专业知识。探索审计专业技术资格考试与注册会计师、法律等职业资格考试相近科目互认互免，促进审计职称与经济、会计、统计等相近职称的衔接，减少重复评价。

2. 促进职称制度与审计专业人员使用相结合。用人单位应当结合用人需求，根据职称评价结果合理使用审计专业人员，实现评价结果与人员聘用、考核、晋升等用人制度相衔接，做到因事设岗、按岗择人、人岗相适。建立健全审计专业人员考核制度，加强聘后管理，在岗位聘用中实现人员能上能下。

3. 加强审计专业人员继续教育。将继续教育作为实现审计专业人员知识更新和能力提升的重要途径，分类开展审计专业人员继续教育，用人单位应当保障审计专业人员参加继续教育的权利。创新和丰富审计专业人员继续教育的方式和内容，促进审计专业人员更新知识、拓展技能。

（五）加强职称评审监管和服务

1. 加强职称评审监管，注重体现审计公信力。自主评审单位要严肃评审纪律，强化自我约束，健全完善职称评审公示制度、回避制度，建立复查、投诉机制，评审结果按照评审管理权限报人力资源社会保障部门备案。各级人力资源社会保障部门会同审计部门加强对自主评审工作的监督检查，建立随机抽查、巡查制度。对于不能正确行使评审权、不能确保评审质量的，要暂停自主评审工作、责令整改，直至收回评审权。依法查处假冒职称评审、制作和销售假证等违法行为。

2. 建立职称评审诚信档案和失信联合惩戒制度。参评人员有提供虚假材料、剽窃他人作品和学术成果等行为的，记入职称评审诚信档案库，纳入全国信用信息共享平台；违规取得的职称一律撤销。工作人员、评审专家有弄虚作假、暗箱操作等违法违规行为的，取消从事评审工作资格，进行通报批评、记入职称评审诚信档案库；构成犯罪的，依法追究刑事责任。

3. 优化评审服务。加强审计职称评审公共服务平台建设，提升信息化水平，开展职称申报、公示、证书查询验证等一站式服务。简化申报证明材料，规范和优化申报程序，提高评审工作效率，减轻职称申报人员负担。

三、组织实施

（一）加强组织领导

审计专业人员职称制度改革是深化职称制度改革的重要内容，政策性强、涉及面广。各级人力资源社会保障部门、审计部门要高度重视、密切配合，加强组织领导，抓好贯彻落实。在推进改革过程中，要深入开展调查研究，细化工作措施，完善工作预案，确保改革顺利进行。

（二）有序推进改革

各地区和各相关单位要结合本地区本单位实际，落实好各项改革举措，妥善做好新老人员过渡和新旧政策衔接。对改革前各地自行试点评审的审计专业人员正高级职称，要按照有关规定通过一定程序进行确认。在新的职称评价工作中，要严格按照本意见有关要求进行，不得随意降低评价标准或擅自扩大评审范围。

（三）做好宣传引导

各级人力资源社会保障部门和审计部门要加强舆论宣传引导，做好政策解读，引导审计专业人员积极参与改革，提升审计专业人员能力素质，引导社会各有关方面支持审计专业人员职称制度改革，营造有利于改革的良好氛围。

本意见适用于在国家机关、社会团体、企事业单位和其他组织中从事审计工作的人员。鼓励符合条件的公务员参加审计专业技术资格考试，但不得参加专业技术人才职称评审。

军队可以参照本意见制定审计专业人员职称评价具体办法。

附件：审计专业人员职称评价基本标准

附件

审计专业人员职称评价基本标准

一、遵守中华人民共和国宪法和法律法规，贯彻落实党的基本路线和各项方针政策。

二、具备良好的审计职业道德和敬业精神。自觉运用新理念和新技术，提高审计工作水平。

三、认真履行岗位职责，按照要求参加继续教育。

四、审计专业人员申报各层级职称，除必须达到上述基本条件外，还应当分别具备以下条件：

（一）助理审计师

1. 正确理解和执行审计相关政策、法律法规、规章制度。

2. 掌握审计专业基本知识、工作方法和业务技能。

3. 能够拟定简单的审计方案，完成某一个项目或专业某一方面的审计工作。

4. 具备国家教育部门认可的高中毕业（含高中、中专、职高、技校，下同）及以上学历。

（二）审计师

1. 掌握并能够正确执行审计相关政策、法律法规和规章制度。

2. 掌握比较系统的审计理论知识和业务技能。

3. 有一定的审计工作实践经验，能够负责某一个项目或专业的审计业务工作，拟定审计方案并组织实施。

4. 具备一定的审计职业判断能力，能够对审计发现的问题进行调查研究和综合分析，形成有一定水平的工作成果。

5. 具备博士学位；或具备硕士学位，从事审计相关工作满 1 年；或具备双学士学位，从事审计相关工作满 2 年；或具备大学本科学历或学士学位，从事审计相关工作满 4 年；或具备大学专科学历，从事审计相关工作满 5 年；或高中毕业，取得助理审计师职称，从事审计相关工作满 10 年。

（三）高级审计师

1. 系统掌握审计相关政策法规和审计专业理论、方法、技巧。

2. 具备较高的政策水平和较丰富的审计工作经验，能够独立负责组织和指导某一个单位、部门或专业的审计业务工作，带领、指导审计师及其他审计专业人员履行审计监督职责、完成审计项目任务。

3. 具备较强的审计职业判断能力，工作业绩较为突出，在审计监督、内部控制、风险防控、维护经济安全等方面发挥重要作用，为促进经济管理工作或领导决策提供指导咨询，有效推动提高某一个单位、部门的审计监督和风险管理水平或取得一定经济、社会效益。

4. 具备较强的科研能力，取得一定的审计相关理论或技术研究成果，或完成审计相关研究课题、调研报告、管理制度或方法创新等。

5. 具备博士学位，取得审计师职称后从事与审计师职责相关工作满 2 年；或具备硕士学位，取得审计师职称后从事与审计师职责相关工作满 4 年；或具备大学本科学历或学士学位，取得审计师职称后从事与审计师职责相关工作满 5 年；或具备大学专科学历，取得审计师职称后从事与审计师职责相关工作满 6 年。

取得会计师、经济师、统计师、工程师等相关专业中级职称，参加高级审计师考试时，可以视同具备审计师职称。

（四）正高级审计师

1. 系统掌握和应用审计相关政策法规和审计专业理论、方法、技巧，把握审计工作规律和发展趋势。

2. 政策理论水平高，审计工作经验丰富、业绩突出。具备解决重大疑难问题和关键性问题的职业判断能力，能够领导指导某一个行业、区域、单位或部门的审计工作，组织、管理、主持完成大规模审计项目，推动审计监督、内部控制和风险管理达到良好水平。

3. 具备较突出的创新能力，能够提出有重要指导意义的审计理论建议或将前沿技术应用于审计工作实践，有效发挥审计在服务经济社会发展、推进国家治理现代化中的积极作用。

4. 在指导、培养中青年审计人才方面做出重要贡献，在审计专业人员团队中发挥领军作用，能够理论与实践相结合，有效指导审计专业人员或研究生的工作和学习。

5. 一般应具备大学本科及以上学历或学士及以上学位，取得高级审计师职称后从事与高级审计师职责相关工作满5年。

取得高级会计师职称，在参加正高级审计师职称评审时，可视同具备高级审计师职称。

（八）人力资源社会保障部　国家卫生健康委　国家中医药局关于深化卫生专业技术人员职称制度改革的指导意见

各省、自治区、直辖市及新疆生产建设兵团人力资源社会保障厅（局）、卫生健康委、中医药局，国务院各部委、各直属机构人事部门，中央军委政治工作部干部局，有关中央企业人事部门：

卫生专业技术人员是我国专业技术人才队伍的重要组成部分，是新时代实施健康中国战略的中坚力量。为贯彻落实中共中央《关于深化人才发展体制机制改革的意见》和中共中央办公厅、国务院办公厅《关于深化职称制度改革的意见》要求，现就深化卫生专业技术人员职称制度改革提出如下指导意见。

一、总体要求

（一）指导思想

以习近平新时代中国特色社会主义思想为指导，全面贯彻党的十九大和十九届二中、三中、四中、五中全会精神，坚持新时代卫生与健康工作方针，遵循卫生健康行业特点和人才成长规律，以促进人才发展为目标，以科学评价为核心，以品德能力业绩为导向，为科学客观公正评价卫生专业技术人员提供制度保障，为实施健康中国战略提供人才支撑。

（二）基本原则

1. 坚持德才兼备、以德为先。把医德医风放在人才评价首位，充分发挥职称评价的"指挥棒"作用，鼓励卫生专业技术人员钻研医术、弘扬医德、匡正医风。

2. 坚持实践导向、科学评价。科学设置评价标准，突出实践能力业绩导向，破除唯论文、唯学历、唯奖项、唯"帽子"倾向，鼓励卫生专业技术人员扎根防病治病一线。

3. 坚持以用为本、服务发展。围绕用好用活人才，促进人才评价与使用相结合，满足各类用人单位选才用才需要，服务人民群众健康，服务健康中国战略。

二、主要内容

（一）健全评价体系

1. 明确各级别职称名称。卫生专业技术人员职称设初级、中级、高级，初级分设士级和师级，高级分设副高级和正高级。卫生专业技术人员职称划分为医、药、护、技四个专业类别。医疗类各级别职称名称分别为：医士、医师、主治（主管）医师、副主任医师、主任医师；药学类各级别职称名称分别为：药士、药师、主管药师、副主任药师、主任药师；护理类各级别职称名称分别为：护士、护师、主管护师、副主任护师、主任护师；技术类各级别职称名称分别为：技士、技师、主管技师、副主任技师、主任技师。

2. 促进卫生职称制度与职业资格制度有效衔接。按照《中华人民共和国执业医师法》和《护士条例》参加医师、护士执业资格考试，取得执业助理医师资格，可视同取得医士职称；取得执业医师资格，可视同取得医师职称；取得护士执业资格，可视同取得护士职称。按照《中医药法》参加中医医师确有专长人员医师资格考核，取得中医（专长）医师资格，可视同取得医师职称。

3. 动态调整专业设置。围绕卫生健康事业发展需要和医学学科发展，动态调整卫生专业技术资格考试或职称评审专业，并做好与医学教育的衔接。人力资源社会保障部、国家卫生健康委负责调整中、初级卫生专业技术资格考试专业。省级人力资源社会保障部门、卫生健康部门可根据实际情况调整高级职称评审专业。

（二）完善评价标准

1. 注重医德医风考核。加强对医德医风和从业行为的评价，将医务人员在重大自然灾害或突发公共卫生事件中的表现作为医德医风考核的重要内容。用人单位须建立健全医德医风考核制度，将利用职务之便索要、非法收受财物或牟取其他不正当利益等行为纳入考核范围。完善诚信承诺和失信惩戒机制，实行学术造假"一票否决制"，对通过弄虚作假、暗箱操作等违纪违规行为取得的职称，一律予以撤销。

2. 建立完善临床医生执业能力评价指标。将门诊工作时间、收治病人数量、手术数量等作为申报条件；将诊疗疾病覆盖范围、开展手术或操作的覆盖范围、单病种诊疗例数、平均住院日、次均费用、并发症发生例数等作为重要指标，科学准确评价临床医生的执业能力和水平。强化病案作为评价载体，采取随机抽取与个人提供相结合的方式，通过一定数量的病案加强对临床医生执业能力的评价。探索引入患者对医生的评价指标。

3. 突出评价业绩水平和实际贡献。针对卫生行业实践性强的特点，重点评价业务工作的数量和质量。对公共卫生类别医师单独制定评价标准，重点考核公共卫生现场处置、技术规范和标准指南制定、健康教育和科普、循证决策、完成基本公共卫生服务等方面的能力。对中医药人员重点考察其掌握运用中医经典理论、运用中医诊疗手段诊疗的能力，中药处方运用以及师带徒等情况。

4. 破除唯论文、唯学历、唯奖项、唯"帽子"等倾向。不把论文、科研项目、获奖情况、出国（出境）学习经历、博士学位等作为申报的必要条件。科学合理对待论文，在职称评审和岗位聘任各个环节，不得把论文篇数和 SCI（科学引文索引）等相关指标作为前置条件和评审的直接依据。对在国内和国外期刊发表的论文要同等对待，鼓励更多成果在具有影响力的国内期刊发表。不得将人才荣誉性称号与职称评审直接挂钩。

5. 实行成果代表作制度。临床病案、手术视频、护理案例、流行病学调查报告、应急处置情况报告、论文、卫生标准、技术规范、科普作品、技术专利、科研成果转化等均可作为业绩成果代表作参加评审。

6. 实行国家标准、地区标准、单位标准相结合。人力资源社会保障部、国家卫生健康委、国家中医药局负责制定《卫生专业技术人员职称评价基本标准》（附后）。各地区人力资源社会保障部门、卫生健康部门、中医药主管部门可根据本地区实际制定地区标准。具有自主评审权的单位可根据本单位实际制定单位标准。申报条件地区标准、单位标准原则上不得低于国家标准，评审条件在国家标准框架内，由各地各单位确定地区标准、单位标准。

（三）创新评价机制

1. 完善职称评价方式。中、初级职称继续实行以考代评，考试实行全国统一组织，已统一考试的专业不再进行相应的职称评审或认定，各省（区、市）可由人力资源社会保障部门会同卫生健康部门确定本地区聘用标准。副高级职称原则上采取考试与评审相结合的方式，正高级职称可采取考试与评审相结合的方式，或采取答辩与评审相结合的方式，建立完善以同行专家评议为基础的业内评价机制，具体办法由省级人力资源社会保障部门会同卫生健康部门确定。

2. 畅通职称评价渠道。社会办医卫生专业技术人员在职称申报、评审方面与公立医疗机构卫生专业技术人员享有同等待遇，不受户籍、人事档案、不同办医主体等限制。公立医疗卫生机构内的各类卫生专业技术人员在职称申报、评审方面享有同等待遇。在内地就业的港澳台卫生专业技术人员，以及持有外国人永久居留证或各地颁发的海外高层次人才居住证的外籍人员，可按规定参加职称评审。

3. 提升职称工作信息化水平。充分利用医疗卫生机构信息系统，收集卫生专业技术人员工作量、病案、绩效考核、工作时间等数据，作为职称评价的重要依据。鼓励有条件的地区，积极利用信息化手段开展职称申报、职称评审、证书查询验证等工作。中、初级卫生专业技术资格考试和高级职称评审结果纳入医疗机构、医师、护士电子化注册信息系统。

（四）促进评价与使用相结合

1. 合理确定评聘模式。各地充分考虑现有评聘模式和卫生专业技术人员的实际需求，保持政策延续性，确定医疗卫生机构评价和聘用的衔接关系。

2. 落实单位用人自主权。用人单位根据职称评审结果合理使用卫生专业技术人员，实现职称评审结果与岗位聘用、考核、晋升等衔接。健全聘期考核制度，加强聘后管理，在岗位聘用中实现人员能上能下。

3. 优化岗位结构比例。根据卫生健康事业的发展、学科建设和各地实际，科学、合理、动态设置专业技术岗位，合理增加医疗机构特别是基层医疗卫生机构中、高级岗位比例，拓宽医务人员职业发展空间。

（五）鼓励人才向艰苦边远地区和基层一线流动

1. 完善基层评价标准。凡在乡镇卫生院、社区卫生服务机构工作的医师、护师，可提前一年参加相应专业的中级卫生专业技术资格考试。本科及以上学历、经全科专业住院医师规范化培训合格并到基层医疗卫生机构工作的，可直接参加全科医学专业中级职称考试，考试通过的直接聘任中级职称。对基层卫生专业技术人员的论文、科研和职称外语不作要求，重点评价基层医疗服务能力和水平。对长期在基层服务、业绩突出、表现优秀的卫生专业技术人员，可适当放宽学历要求，同等条件下优先评聘。基层卫生专业技术人员具体评价标准可适用《人力资源社会保障部　国家卫生计生委关于进一步改革完善基层卫生专业技术人员职称评审工作的指导意见》（人社部发〔2015〕94 号）。

2. 改进评价方式。各地可单独设立基层职称评审委员会或评审组，对艰苦边远地区和基层一线卫生专业技术人员实行"定向评价、定向使用"，取得的职称限定在艰苦边远地区或基层有效。

3. 落实服务基层制度。执业医师晋升为副高级职称的，应当有累计一年以上在县级以下或者对口支援的医疗卫生机构提供医疗卫生服务的经历。援外、援藏、援疆、援青等以及在重大突发公共卫生事件处置中表现优秀的卫生专业技术人员，同等条件下优先评聘。

（六）改进职称管理服务方式

1. 推动完善行业管理。人力资源社会保障部门会同卫生健康部门负责卫生专业职称政策制定、组织实施和监督检查等工作。国务院各部门、中央企业和全国性行业协会学会等组建的卫生系列高级职称评审委员会，由人力资源社会保障部征求国家卫生健康委意见后核准备案，评价标准报人力资源社会保障部、国家卫生健康委备案。高校附属医院等其他用人单位确需组建卫生系列高级职称评审委员会的，评审委员会按照职称评审管理权限由省级以上人力资源社会保障部门征求卫生健康部门意见后核准备案，评价标准报省级以上人力资源社会保障部门、卫生健康部门备案。

2. 下放职称评审权限。以确保评审质量为前提，科学界定、合理下放卫生专业技术人员职称评审权。医疗水平高、技术能力强、人事管理完善、具有自主评审意愿的三级医院（含中医医院）和省级疾病预防控制机构可试点开展高级职称自主评审，评审委员会按照职称评审管理权限由省级以上人力资源社会保障部门征求卫生健康部门意见后核准备案，评价标准报省级以上人力资源社会保障部门、卫生健康部门备案。积极发挥专业化人才服务机构、行业协会学会等组织在职称评审和评价标准制定等方面的作用。

3. 加强全过程监督。完善评审专家遴选机制，加强评审专家库建设，实行职称评审回避制度。健全职称评审委员会、职称评审办事机构工作程序和评审规则，严肃评审纪律，明确工作人员和评审专家责任。实行职称评审公开、公示制度，落实政策公开、标准公开、程序公开、结果公开。建立职称评审巡查制度，建立复查、投诉、倒查追责机制，加强对自主评审单位的监管，对不能正确行使评审权、不能确保评审质量的，评审权予以收回。

三、组织实施

（一）**提高认识，加强领导**。职称制度改革涉及广大卫生专业技术人员的切身利益，政策性强、涉及面广、复杂敏感。各地要高度重视，切实加强领导，明确工作职责，确保改革平稳顺利推进。

（二）**精心组织，稳慎推进**。各级人力资源社会保障部门、卫生健康部门、中医药主管部门要精心组织、密切配合，结合本地实际，扎实做好各项改革举措的落实，认真总结经验，及时解决改革中出现的新情况、新问题，妥善处理改革、发展和稳定的关系。

（三）**加强宣传，营造环境**。各地要深入细致地做好职称政策的宣传与解读，及时回应社会关切，做好舆论引导，营造有利于卫生专业技术人员职称制度改革的良好氛围。

本意见适用于各级各类医疗卫生机构的卫生专业技术人员。军队可以参照本意见制定卫生专业技术人员职称评价具体办法。

附件：卫生专业技术人员职称评价基本标准

附件

卫生专业技术人员职称评价基本标准

一、遵守国家宪法和法律，贯彻新时代卫生与健康工作方针，自觉践行"敬佑生命、救死扶伤、甘于奉献、大爱无疆"的职业精神，具备良好的政治素质、协作精神、敬业精神和医德医风。

二、身心健康，心理素质良好，能全面履行岗位职责。

三、卫生专业技术人员申报医疗类、护理类职称，应取得相应职业资格，并按规定进行注册，取得相应的执业证书。

四、卫生专业技术人员申报各层级职称，除必须达到上述基本条件外，还应分别具备以下条件。

（一）初级职称

医士（师）：按照《中华人民共和国执业医师法》参加医师资格考试，取得执业助理医师资格，可视同取得医士职称；取得执业医师资格，可视同取得医师职称。按照《中医药法》参加中医医师确有专长人员医师资格考核，取得中医（专长）医师资格，可视同取得医师职称。

护士（师）：按照《护士条例》参加护士执业资格考试，取得护士执业资格，可视同取得护士职称；具备大学本科及以上学历或学士及以上学位，从事护士执业活动满一年，可直接聘任护师职称。具备大专学历，从事护士执业活动满3年；或具备中专学历，从事护士执业活动满5年，可参加护师资格考试。

药（技）士：具备相应专业中专、大专学历，可参加药（技）士资格考试。

药（技）师：具备相应专业硕士学位；或具备相应专业大学本科学历

或学士学位，从事本专业工作满 1 年；或具备相应专业大专学历，从事本专业工作满 3 年；或具备相应专业中专学历，取得药（技）士职称后，从事本专业工作满 5 年，可参加药（技）师资格考试。

（二）中级职称

卫生专业技术人员中级职称实行全国统一考试制度。具备相应专业学历，并符合以下条件的，可报名参加考试：

临床、口腔、中医类别主治医师：具备博士学位，并取得住院医师规范化培训合格证书；或具备硕士学位，取得住院医师规范化培训合格证书后从事医疗执业活动满 2 年；或具备大学本科学历或学士学位，取得住院医师规范化培训合格证书后从事医疗执业活动满 2 年；或具备大学本科学历或学士学位，经执业医师注册后从事医疗执业活动满 4 年；或具备大专学历，经执业医师注册后从事医疗执业活动满 6 年；或具备中专学历，经执业医师注册后从事医疗执业活动满 7 年。

公共卫生类别主管医师：具备博士学位并经执业医师注册后从事公共卫生执业活动；或具备硕士学位，经执业医师注册后从事公共卫生执业活动满 2 年；或具备大学本科学历或学士学位，经执业医师注册后从事公共卫生执业活动满 4 年；或具备大专学历，经执业医师注册后从事公共卫生执业活动满 6 年；或具备中专学历，经执业医师注册后从事公共卫生执业活动满 7 年。

主管护师：具备博士学位并注册从事护理执业活动；或具备硕士学位经注册后从事护理执业活动满 2 年；或具备大学本科学历或学士学位，经注册并取得护师职称后，从事护理执业活动满 4 年；或具备大专学历，经注册并取得护师职称后，从事护理执业活动满 6 年；或具备中专学历，经注册并取得护师职称后，从事护理执业活动满 7 年。

主管药（技）师：具备博士学位；或具备硕士学位，取得药（技）师职称后，从事本专业工作满 2 年；或具备大学本科学历或学士学位，取得药（技）师职称后，从事本专业工作满4年；或具备大专学历，取得药（技）师职称后，从事本专业工作满6年；或具备中专学历，取得药（技）师职称后，从事本专业工作满7年。

（三）副高级职称

1. 副主任医师

（1）申报条件：学历、资历及临床工作量要求

具备大学本科及以上学历或学士及以上学位，受聘担任主治（主管）医师职务满5年；或具备大专学历，在县级及以下基层医疗卫生机构工作，受聘担任主治（主管）医师职务满7年。

完成规定的工作数量要求（详见附表1）。

（2）评审条件：专业能力要求

临床、口腔、中医类别：熟练掌握本专业基础理论和专业知识，熟悉本专业国内外现状及发展趋势，不断吸取新理论、新知识、新技术并用于医疗实践，熟悉本专业相关的法律、法规、标准与技术规范。具有较丰富的本专业工作经验，能熟练正确地救治危重病人，具有指导本专业下级医师的能力。强化病案作为评价载体，采取随机抽取与个人提供相结合的方式，提供5~10份申报人主治或者主持的、能够反映其专业技术水平的抢救、死亡或疑难病案，加强对临床医生执业能力的评价。

基于病案首页数据，重点从技术能力、质量安全、资源利用、患者管理四个维度，利用诊治病种范围和例数、手术级别和例数、术后并发症发生率、单病种平均住院日、单病种次均费用等指标，科学准确评价医生的执业能力和水平。其中，中医专业还应基于中医病案首页数据，重点围绕以中医为主治疗的出院患者比例、中药饮片处方比、中医治疗疑难危重病患者数量、中医非药物疗法使用率等中医药特色指标，评价中医医师的中医药诊疗能力和水平。具体指标见附表2。

公共卫生类别：熟练掌握本专业基础理论和专业知识，熟悉本专业国

内外现状及发展趋势，不断吸取新理论、新知识、新技术并推广应用，熟悉与本专业相关的法律、法规、标准与技术规范。具有较丰富的本专业工作经验，能独立解决复杂或重大技术问题，具有指导本专业下级医师的能力。

基于参与的业务工作内容，重点考核公共卫生现场能力、计划方案制定能力、技术规范和标准指南制定能力、业务管理技术报告撰写能力、健康教育和科普能力、循证决策能力、专业技术成果产出、科研教学能力、完成基本公共卫生服务项目的能力等方面，包含现场流行病学调查报告、疾病与健康危害因素监测（分析预警）报告、制定公共卫生应急处置预案和风险评估报告、业务工作计划、技术指导方案制定等内容。

2. 副主任护师

（1）申报条件：学历、资历及临床工作量要求

具备大学本科及以上学历或学士及以上学位，受聘担任主管护师职务满 5 年；或具备大专学历，受聘担任主管护师职务满 7 年。

担任主管护师期间，平均每年参加临床护理、护理管理、护理教学工作时间总计不少于 40 周，病历首页责任护士和质控护士记录累计不少于 480 条（急诊、重症、手术室、血透、导管室等科室从相应记录单提取护士记录）。

（2）评审条件：专业能力要求

熟练掌握本专业基础理论和专业知识，熟悉本专业国内外现状及发展趋势，不断吸取新理论、新知识、新技术并推广应用，熟悉本专业相关的法律、法规、标准与技术规范。能够正确按照护理程序开展临床护理工作，熟练掌握本专科病人的护理要点、治疗原则，能熟练地配合医生抢救本专业危重病人。具有指导本专业下级护理人员的能力。

3. 副主任药师

（1）申报条件：学历、资历及临床工作量要求

具备大学本科及以上学历或学士及以上学位，受聘担任主管药师职务

满 5 年；或具备大专学历，受聘担任主管药师职务满 7 年。

担任主管药师职务期间，平均每年参加药学专业工作时间不少于 40 周。

（2）评审条件：专业能力要求

熟练掌握本专业基础理论和专业知识；熟悉本专业国内外现状及发展趋势，不断吸取新理论、新知识、新技术并推广应用。熟悉本专业相关的法律、法规、标准与技术规范。能够参与制定药物治疗方案，对临床用药结果做出准确分析，能及时发现并处理处方和医嘱中出现的各种不合理用药现象，及时提出临床用药调整意见。具有指导下级药师的能力。其中，中药专业还应具备中药验收、保管、调剂、临方炮制、煎煮等中药药学服务能力，能够提供中药药物咨询服务，具有中药处方点评工作能力，提供合理使用中药建议。

4. 副主任技师

（1）申报条件：学历、资历及临床工作量要求

具备大学本科及以上学历或学士及以上学位，受聘担任主管技师职务满 5 年；或具备大学专科学历，受聘担任主管技师职务满 7 年。

担任主管技师期间，平均每年参加本专业工作时间不少于 40 周。

（2）评审条件：专业能力要求

熟练掌握本专业基础理论和专业知识，熟悉本专业国内外现状及发展趋势，不断吸取新理论、新知识、新技术并推广应用，熟悉本专业相关的法律、法规、标准与技术规范。具有较丰富的本专业工作经验，能独立解决复杂或重大技术问题，具有指导本专业下级技师的能力。

（四）正高级职称

1. 主任医师

（1）申报条件：学历、资历及临床工作量要求

具备大学本科及以上学历或学士及以上学位，受聘担任副主任医师职

务满 5 年。

完成规定的工作数量要求（详见附表 1）。

（2）评审条件：专业能力要求

临床、口腔、中医类别：在具备所规定的副主任医师水平的基础上，系统掌握本专业某一领域的基础理论知识与技术，并有所专长。深入了解本专业国内外现状及发展趋势，不断吸取新理论、新知识、新技术并用于医疗实践。具有丰富的本专业工作经验，能独立解决复杂或重大技术问题，具有指导本专业下级医师的能力。强化病案作为评价载体，采取随机抽取与个人提供相结合的方式，提供 5～10 份申报人主治或者主持的、能够反映其专业技术水平的抢救、死亡或疑难病案，加强对临床医生执业能力的评价。

基于病案首页数据，重点从技术能力、质量安全、资源利用、患者管理四个维度，利用诊治病种范围和例数、手术级别和例数、术后并发症发生率、单病种平均住院日、单病种次均费用等指标，科学准确评价医生的执业能力和水平。其中，中医专业还应基于中医病案首页数据，重点围绕以中医为主治疗的出院患者比例、中药饮片处方比、中医治疗疑难危重病患者数量、中医非药物疗法使用率等中医药特色指标，评价中医医师的中医药诊疗能力和水平。具体指标见附表 2。

公共卫生类别：在具备所规定的副主任医师水平的基础上，系统掌握本专业某一领域的基础理论知识与技术，并有所专长。深入了解本专业国内外现状及发展趋势，不断吸取新理论、新知识、新技术并用于实践。具有丰富的本专业工作经验，能独立解决复杂或重大技术问题，具有指导本专业下级医师的能力。

基于参与的业务工作内容，重点考核公共卫生现场能力、计划方案制定能力、技术规范和标准指南制定能力、业务管理技术报告撰写能力、健康教育和科普能力、循证决策能力、专业技术成果产出、科研教学能力、

25

完成基本公共卫生服务项目的能力等方面，包含现场流行病学调查报告、疾病与健康危害因素监测（分析预警）报告、制定公共卫生应急处置预案和风险评估报告、业务工作计划、技术指导方案制定等内容。

2. 主任护师

（1）申报条件：学历、资历及临床工作量要求

具备大学本科及以上学历或学士及以上学位，受聘担任副主任护师职务满5年。

担任副主任护师期间，平均每年参加临床护理、护理管理、护理教学工作时间总计不少于35周，病历首页责任护士和质控护士记录累计不少于240条（急诊、重症、手术室、血透、导管室等科室从相应记录单提取护士记录）。

（2）评审条件：专业能力要求

在具备所规定的副主任护师水平的基础上，精通护理学某一专科的基本理论知识与技能，并有所专长。深入了解本专业国内外现状及发展趋势，不断吸取新理论、新知识、新技术并用于临床实践。具有丰富的本专业工作经验，能独立解决复杂或重大技术问题，具有指导本专业下级护理人员的能力。

3. 主任药师

（1）申报条件：学历、资历及临床工作量要求

具备大学本科及以上学历或学士及以上学位，受聘担任副主任药师职务满5年。

担任副主任药师职务期间，平均每年参加药学专业工作时间不少于35周。

（2）评审条件：专业能力要求

在具备所规定的副主任药师水平的基础上，精通本专业某一领域的基本理论知识与技能，并有所专长。深入了解本专业国内外现状及发展趋势，

不断吸取新理论、新知识、新技术并用于实践。具有丰富的本专业工作经验，能独立解决复杂或重大技术问题，具有指导本专业下级药师的能力。其中，中药专业还应具备中药验收、保管、调剂、临方炮制、煎煮等中药药学服务能力，能够提供中药药物咨询服务，具有中药处方点评工作能力，提供合理使用中药建议。

4. 主任技师

（1）申报条件：学历、资历及临床工作量要求

具备大学本科及以上学历或学士及以上学位，受聘担任副主任技师职务满 5 年。

担任副主任技师期间，平均每年参加本专业工作时间不少于 35 周。

（2）评审条件：专业能力要求

在具备所规定的副主任技师水平的基础上，精通本专业某一领域的基本理论知识与技能，并有所专长。深入了解本专业国内外现状及发展趋势，不断吸取新理论、新知识、新技术并用于实践。具有丰富的本专业工作经验，能独立解决复杂或重大技术问题，具有指导本专业下级技师的能力。

五、工作业绩要求

以下业绩成果可作为代表作：

（一）解决本专业复杂问题形成的临床病案、手术视频、护理案例、应急处置情况报告、流行病学调查报告等。

（二）吸取新理论、新知识、新技术形成的与本专业相关的技术专利。

（三）结合本专业实践开展科研工作形成的论文等成果。

（四）向大众普及本专业科学知识形成的科普作品。

（五）参与研究并形成的技术规范或卫生标准。

（六）人才培养工作成效（包括带教本专业领域的下级专业技术人员的数量和质量，以及所承担教学课题和所获成果等）。

（七）其他可以代表本人专业技术能力和水平的标志性工作业绩。

附表：1. 医师晋升工作量要求

2. 临床、中医、口腔专业高级职称评价指标

附表 1

医师晋升工作量要求

专业类别	评价项目	单位	晋升副主任医师	晋升主任医师	临床专业
临床	门诊工作量（有病房）	单元	400	600	内科学、心血管内科学、呼吸内科学、消化内科学、血液病学、内分泌学、风湿与临床免疫学、肾内科学、传染病学、变态反应学、神经内科学、精神病学、肿瘤内科学、儿科学等，对有病房的皮肤与性病学、康复医学、疼痛学、老年医学、全科医学可参照此执行
	出院人数（参与或作为治疗组长）	人次	1000	1000	
非手术为主临床专业	门诊工作量（无病房）	单元	500	800	皮肤与性病学、精神病学、康复医学、疼痛学、老年医学、全科医学等
	手术/操作人次	人次	内镜5000；支气管镜200	内镜5000	消化内科学、呼吸内科学
手术为主临床专业	门诊工作量（有病房）	个	400	500	外科学、普通外科学、骨外科学、泌尿外科学、小儿外科学、妇产科学、妇科学、产科学、耳鼻咽喉科学、眼科学、肿瘤学、运动医学、计划生育学等
			300	400	胸心外科学、神经外科学、烧伤外科学、整形外科学
临床	出院人数（参与或作为治疗组长）	人次	400	500	胸心外科学（心外）、神经外科学、烧伤外科学
手术为主临床专业			1500	2000	外科学、普通外科学、骨外科学、妇产科学、妇科学、产科学、眼科学
			600	1000	胸心外科学（胸外）、泌尿外科学、耳鼻咽喉科学、肿瘤学、运动医学、小儿外科学

176

续表

专业类别		评价项目	单位	晋升副主任医师	晋升主任医师	临床专业
临床	手术为主临床专业	出院患者手术/操作人次	人次	800	1000	外科学、普通外科学、骨外科学、眼科学、运动医学、整形外科学、计划生育学
				400	500	胸心外科学（胸外），泌尿外科学、小儿外科学、耳鼻咽喉科学、肿瘤外科学、妇产科学、妇科学、产科学
				200	300	胸心外科学（心外）、神经外科学、烧伤外科学
临床	其他临床专业	参与诊疗患者人数	人次	1500	1000	临床营养学、重症医学、麻醉学、疼痛学、急诊医学、临床医学检验学
		签发检查报告份数	份	7500	5000	临床医学检验学
			份	5000	5000	放射医学、超声医学
			份	4000	4000	病理学
			份	2500	3000	核医学
中医	非手术为主专业	门诊工作量（有病房）	单元	400	600	由各医院自行确定手术专业和非手术专业
		出院人数（参与或作为治疗组长）	人次	600	900	
		门诊工作量（无病房）	单元	500	800	
	手术为主专业	门诊工作量（有病房）	单元	300	400	
		出院人数（参与或作为治疗组长）	人次	400	500	
		出院患者手术/操作人次	人次	300	400	
		门诊工作量（无病房）	单元	500	800	

续表

专业类别		评价项目	单位	晋升副主任医师	晋升主任医师	临床专业
口腔	无病房科室	门诊工作量	单元	800	800	
		诊疗人次	人次	3000	4000	
	有病房科室	门诊工作量	单元	400	500	
		出院人数（参与或作为治疗组组长）	人次	350	500	
		出院患者手术/操作人次数	人次	300	400	
公卫	—	—		平均每年参加本专业工作时间不少于40周，其中现场工作或在基层工作天数不少于60天/年	平均每年参加本专业工作时间不少于35周，其中现场工作或在基层工作天数不少于60天/年	

注1：工作量指标是中级晋升副高、副高晋升正高期间的完成工作量，均从聘任时间开始计算。半天（4小时）接诊不少于15位为1个有效单元。非急诊科医生在5年期间如轮转急诊科，工作期间按照4小时为一个门诊单元数计算。针灸、推拿（按摩）、刮痧、拔罐等中医治疗技术，因受手法操作时间限制，工作量按照4小时为一个门诊单元数计算，不考虑治疗病人数量。

2：肾内科学专业透析工作按照4小时为一个门诊单元计算；传染病学专业医师门诊工作量包含发热门诊、肠道门诊工作时间和会诊时间，如无病房则放入无病房组。

3：全科医学专业医师门诊工作量包含下基层指导工作时间，如无病房则放入无病房组。

4：内镜诊疗5000人次（含内镜下治疗手术，晋升副主任医师至少500例，晋升主任医师至少800例，门诊患者和出院患者均包括）为消化内科学专业必备的申报条件之一。

5：呼吸内镜诊疗200人次（含呼吸内镜下检查与治疗，门诊患者和出院患者均包括）为呼吸内科学专业必备的申报条件之一。

6：心血管内科学和神经内科学及其他有介入治疗的专业可参照手术为主临床专业执行。

7：整形外科学和计划生育学专业的工作量指标不含出院人数，其出院患者手术/操作人次数调整为手术/操作人次数（含门诊患者和出院患者手术/操作人次数）。

8：出院患者手术/操作人次晋升副主任医师以主刀或一助计算；晋升主任医师以主刀计算。

9：临床医学检验学专业中，形态、血液、微生物等亚专业申报条件为参与诊疗患者人次数，临检、生化、免疫等亚专业的申报条件为签发检查报告份数。

附表 2

临床、中医、口腔专业高级职称评价指标

评价维度	二级指标	三级指标	指标定义	计算方法
技术能力	出院患者病种范围和例数	基本病种覆盖率	考核期内医师诊治的本专业出院患者中覆盖的基本病种数占本专业所有基本病种数的比例。	考核期内医师诊治的本专业出院患者覆盖基本病种数/本专业基本病种总数×100%
		基本病种诊疗人数	考核期内医师诊治的本专业基本病种出院人数。	考核期内医师诊治的符合本专业基本病种纳入条件的出院人数之和
		疑难病种覆盖率	考核期内医师诊治的本专业出院患者中覆盖的疑难病种数占本专业所有疑难病种数的比例。	考核期内医师诊治的本专业出院患者覆盖疑难病种数/本专业疑难病种总数×100%
		疑难病种诊疗人数	考核期内医师诊治的本专业疑难病种出院人数。	考核期内医师诊治的符合本专业疑难病种纳入条件的出院人数之和
技术能力	出院患者手术难度和例数	基本手术覆盖率	考核期内医师施行的本专业基本手术（或操作）种类数占所有基本手术（或操作）种类数的比例。	考核期内出院患者中医师施行的本专业手术（或操作）患者覆盖基本手术种类数/本专业基本手术（或操作）种类总数×100%
		基本手术人次数	考核期内医师施行的本专业基本手术（或操作）的人次数。	考核期内出院患者中医师施行的符合本专业基本手术（或操作）纳入条件的手术人次数之和
		疑难手术覆盖率	考核期内医师施行的本专业疑难手术（或操作）种类数占所有疑难手术（含操作）种类数的比重。	考核期内出院患者中医师施行的本专业手术（或操作）患者覆盖疑难手术种类数/本专业疑难手术种类总数×100%
		疑难手术人次数	考核期内医师施行的本专业疑难手术（或操作）的人次数。	考核期内出院患者中医师施行的符合本专业疑难手术（或操作）纳入条件的手术人次数之和

续表

评价维度	二级指标	三级指标	指标定义	计算方法
技术能力	中医治疗情况	以中医为主治疗的出院患者比例	考核期内医师以中医为主治疗本专业出院患者的比例。	考核期内医师以中医为主治疗的本专业出院患者数量/本专业出院患者总数×100%
		中药饮片处方比	考核期内医师对出院患者开具的中药饮片处方占所有处方的比例。	考核期内医师对出院患者开具的中药饮片处方数/所有处方总数×100%
		中医治疗疑难危重病患者数量	考核期内医师诊治的本专业疑难病数量。	考核期内出院患者中医诊治的本专业疑难病数量
		中医非药物疗法使用率	考核期内医师诊治的出院患者使用中医非药物疗法的比例。	考核期内医师诊治的出院患者使用中医非药物疗法数量/中医药物和非药物疗法总数×100%
		中医药治疗疗效	考核期内医师用中医药方法治疗本专业疾病疗效。	同行评议
质量安全	并发症发生率	出院患者并发症发生率	考核期内医师诊治的出院患者在住院期间因治疗或者施行某种择期手术或操作而发生并发症的例数占同期医师诊治的出院人数的比例。	考核期内医师诊治的出院患者在住院期间因治疗或者施行某种择期手术或操作而发生并发症的人数/同期该医师诊治的所有出院人数×100%
资源利用	平均住院日	平均住院日	考核期内医师诊治的某病种出院患者平均住院时间。	考核期内医师诊治的某病种出院患者占用总床日数/同期该医师诊治的同病种出院人数
患者管理	次均费用	住院患者次均费用	考核期内医师诊治的某病种出院患者平均住院费用。	考核期内医师诊治的某病种出院患者总住院费用/同期该医师诊治的同病种出院人数

注：1. 某专业基本病种、疑难病种、基本手术、疑难手术由专家共识和大数据统计结果形成。

2. 手术人次计算：患者在1次住院期间施行多次手术，按实际手术次数统计；在1次手术中涉及多个部位手术的按1次统计。

3. 中药饮片处方比和中医非药物疗法使用率两个指标可任选其一，也可同时使用，视各地具体情况确定。

（九）人力资源社会保障部　国家新闻出版署关于深化出版专业技术人员职称制度改革的指导意见

各省、自治区、直辖市及新疆生产建设兵团人力资源社会保障厅（局）、新闻出版局，中央和国家机关各部委、各直属机构人事部门，中央军委政治工作部宣传局，各中央企业人事部门，中央各重点出版集团：

出版专业技术人员是我国专业技术人才队伍的重要组成部分，是促进出版业健康繁荣发展的重要力量。为贯彻落实中共中央办公厅、国务院办公厅印发的《关于深化职称制度改革的意见》，现就深化出版专业技术人员职称制度改革提出如下指导意见。

一、总体要求

（一）指导思想

以习近平新时代中国特色社会主义思想为指导，全面贯彻落实党的十九大和十九届二中、三中、四中、五中全会精神，认真落实党中央、国务院决策部署，坚持党管人才、党管出版原则，遵循出版专业技术人员成长规律，健全完善符合出版专业技术人员职业特点的职称制度，培养造就政治过硬、本领高强、求实创新、能打胜仗的出版专业技术人员队伍，为推动出版业持续健康繁荣发展、建设社会主义文化强国提供人才支撑。

（二）基本原则

1. 坚持服务发展。围绕新时代出版业发展和人才队伍建设需求，充分发挥人才评价"指挥棒"和风向标作用，着力提升出版专业技术人员政治素质、专业能力和职业素养，激发出版专业技术人员创新创造创业活力，推动出版业创新发展和优化升级。

2. 坚持遵循规律。遵循出版专业技术人员成长规律和职业特点，建立科学合理的评价体系，引导出版专业技术人员坚持马克思主义新闻出版观，坚持"二为"方向和"双百"方针，坚持创造性转化、创新性发展，坚持以社会主义核心价值观为引领，促进满足人民文化需求和增强人民精神力量相统一，提供更加丰富优质的出版产品和服务。

3. 坚持科学评价。以品德、能力、业绩、贡献为导向，科学设置职称评价标准，克服唯学历、唯资历、唯论文、唯奖项的倾向，建立科学公正的评价体系和评审机制，鼓励出版专业技术人员深耕专业，让作出贡献的人才有成就感和获得感。

4. 坚持以用为本。围绕用好用活人才，创新人才评价机制，促进出版学科学位教育、职业资格制度和职称制度相衔接，促进职称制度与选人用人制度相衔接，把人才培养、评价与使用紧密结合起来，更好地促进出版专业技术人员职业发展。

二、主要内容

通过健全制度体系、完善评价标准、创新评价机制、促进与人才培养使用相结合、优化管理服务等措施，形成设置合理、评价科学、管理规范、服务全面的出版专业技术人员职称制度。

（一）健全制度体系

1. 统一职称名称。出版专业技术人员职称设初级、中级、高级，初级只设助理级，高级分设副高级和正高级。初级、中级、副高级、正高级的名称分别为助理编辑、编辑、副编审、编审。原技术设计员、助理技术编辑、三级校对、二级校对对应助理编辑，原技术编辑、一级校对对应编辑。

2.实现职称制度与职业资格制度有效衔接。健全完善出版专业技术人员职业资格考试制度，并与职称制度实现有效衔接。通过出版专业技术人员职业资格考试取得的初级、中级职业资格，即对应相应层级的职称，并作为申报高一级职称的条件。

3.出版专业技术人员各层级职称分别与事业单位专业技术岗位等级相对应。正高级对应专业技术岗位一至四级，副高级对应专业技术岗位五至七级，中级对应专业技术岗位八至十级，初级对应专业技术岗位十一至十三级。

（二）完善评价标准

1.坚持德才兼备，以德为先。出版专业技术人员必须认真学习贯彻习近平新时代中国特色社会主义思想，贯彻党的出版方针，坚持正确出版导向，坚持内容质量第一，牢记出版工作职责使命。坚持把思想政治素质放在职称评价的首位，全面考察出版专业技术人员的政治立场、职业道德和从业操守。完善诚信承诺和失信惩戒机制，对通过弄虚作假、暗箱操作等违纪违规行为取得的职称，一律予以撤销。

2.注重评价能力和业绩。注重评价出版专业技术人员的能力素质和工作业绩，引导出版专业技术人员全面掌握出版理论知识，熟练运用业务技能，有效提升选题策划、编辑校对、设计制作等实践能力。将出版专业技术人员的选题策划报告、审稿校对意见、设计制作方案和项目等代表性成果作为职称评审的重要内容，注重成果的质量、贡献和影响力。

3.实行国家标准、地区标准和单位标准相结合。人力资源社会保障部、国家新闻出版署负责制定《出版专业技术人员职称评价基本标准》（附后）。各地区人力资源社会保障部门会同新闻出版管理部门可结合本地区实际情况，制定地区标准。具有自主评审权的用人单位可结合本单位实际，制定单位标准。地区标准和单位标准不得低于国家标准。

（三）创新评价机制

1. 丰富评价方式。出版专业技术人员初级、中级实行以考代评的方式，不再进行相应的职称评审或认定。初级、中级考试由全国统一组织、统一科目、统一大纲。人力资源社会保障部会同国家新闻出版署可以单独划定从事少数民族语言文字出版工作的出版专业技术人员考试合格标准。副高级和正高级一般采取评审方式。职称评审坚持同行评议，综合采用个人述职、面试答辩、业绩展示等多种形式，确保客观公正。

2. 健全评审制度。按照专业化组建、同行评议和业内认可的原则，遴选政治立场坚定、能力业绩突出的一线优秀资深出版专业技术人员和高等院校、科研机构、行业协会声望较高的专家学者等担任评审专家，组建职称评审委员会。积极吸收从事融合出版、版权运营等业务的优秀资深人员和专家学者参加。严格落实评审委员会核准备案制度。国务院有关部门和中央出版单位成立的高级职称评审委员会报人力资源社会保障部核准备案，其他高级职称评审委员会报省级以上人力资源社会保障部门核准备案。

3. 畅通评价渠道。进一步打破户籍、地域、身份等制约，畅通各类出版专业技术人员职称申报渠道。对主要从事融合出版、版权运营等业务的人员，出版单位应积极创造条件，新闻出版管理部门应考虑融合出版、版权运营等业务的特点，支持鼓励其参加考试或评审。从事与出版物策划、数字出版相关的非公有制经济组织、社会组织的出版专业技术人员可按属地原则参加考试或评审。出版企事业单位中经批准离岗创业或兼职的专业技术人员，3年内可在原单位按规定正常申报职称，其创业或兼职期间相关工作业绩可作为职称评审的依据。

4. 建立绿色通道。对在出版工作中作出重大贡献或者急需紧缺的出版专业技术人员，可适当放宽学历、资历、年限等条件限制，直接申报评审高级职称。对长期在艰苦边远地区和少数民族地区从事出版工作的专业技术人员，以及在其他地区从事少数民族语言文字出版工作的专业技术人员，重点考察其实际工作业绩，适当放宽学历和科研能力要求。

（四）促进职称制度与人才培养使用相结合

1. 与人才培养制度有效衔接。充分发挥职称制度对提高人才培养质量的导向作用，紧密结合出版行业人才需求和职业标准，建立健全与职称制度相衔接的出版学科学位教育制度，加快培育出版专业人才。推进职称制度与出版专业技术人员继续教育制度相衔接，引导出版专业技术人员更新知识、拓展技能，全面提升专业胜任能力。

2. 与用人制度有效衔接。出版单位应当结合用人需求，根据职称评价结果合理使用出版专业技术人员，实现职称评价结果与出版专业技术人员聘用、考核、晋升等用人制度紧密结合、有效衔接。全面实行岗位管理、专业技术人才学术技术水平与岗位职责密切相关的事业单位，一般应在岗位结构比例内开展职称评审。不实行事业单位岗位管理的单位，可根据工作需要，择优聘任具有相应职称的出版专业技术人员从事相关工作。健全完善出版专业技术人员考核制度，加强聘后管理，在岗位聘用中实现人员能上能下。

（五）优化管理服务

1. 下放评审权限。发挥用人主体在职称评审中的主导作用，科学界定、合理下放职称评审权限，逐步将高级职称评审权下放到符合条件的出版单位、行业社会组织或市地。自主评审单位组建的高级职称评审委员会应当按照管理权限报省级以上人力资源社会保障部门核准备案。

2. 加强监督管理。建立健全职称评审公开制度，实行政策公开、标准公开、程序公开、结果公开，接受社会和群众监督。建立健全职称评审回避制度、公示制度和随机抽查、巡查制度，建立复查、投诉机制，强化对评审全过程的监督管理。加强对自主评审工作的监管，对于不能正确行使评审权、不能确保评审质量的评审单位，暂停其自主评审工作直至收回评审权，并追究责任。

3. 优化评审服务。加强职称评审信息化建设，探索实行网上申报、审核、评审、公示等一体化服务。合理确定申报职称所需材料种类和内容，减少各类申报表格和纸质证明材料，简化申报手续和审核环节。

三、组织实施

（一）**加强组织领导**。深化出版专业技术人员职称制度改革是分类推进职称制度改革的重要内容，各地区、各有关部门要充分认识改革的重大意义，高度重视改革工作。各级人力资源社会保障部门会同新闻出版管理部门负责职称政策制定、组织实施和监督检查等工作。各有关部门要密切配合，建立有效工作机制，确保改革工作顺利实施。

（二）**稳步有序推进**。各地区、各有关部门要根据本指导意见精神，紧密结合实际，切实抓好改革的贯彻落实。在推进改革过程中，要深入开展调查研究，细化工作措施，完善工作预案，妥善做好新旧政策衔接工作。在改革中要认真总结经验，及时解决改革中出现的新情况、新问题，妥善处理改革、发展和稳定的关系。

（三）**抓好宣传引导**。各地区、各有关部门要深入细致做好政策解读、舆论宣传和思想政治工作，充分调动广大出版专业技术人员的积极性，引导出版专业技术人员积极参与职称制度改革，营造有利于出版专业技术人员职称制度改革的良好氛围。

本指导意见适用于经国家出版主管部门依法批准设立的报纸、期刊、图书、音像、电子、网络等出版单位中，从事出版专业工作的出版专业技术人员。从事与出版物策划、数字出版相关的非公有制经济组织、社会组织的出版专业技术人员参照执行。

军队可以参照本意见制定出版专业技术人员职称评价具体办法。

附件：出版专业技术人员职称评价基本标准

附件

出版专业技术人员职称评价基本标准

一、遵守中华人民共和国宪法和法律法规，坚持中国共产党的领导，拥护党的基本理论、基本路线和基本方略，忠于党的出版事业。

二、坚持党性原则，坚持马克思主义新闻出版观，坚持以人民为中心的工作导向，认真履行出版工作职责使命。

三、具备良好的思想政治素质和职业道德、敬业精神，作风端正。

四、热爱出版工作，具备相应的出版专业知识和业务技能，认真履行岗位职责，按照规定参加继续教育。

五、出版专业技术人员参加各层级职称评价，除必须达到上述标准条件外，还应分别具备以下条件：

（一）助理编辑

1. 具有基本的马克思主义理论水平，基本掌握出版专业基础理论和专业知识。

2. 了解出版工作规律，基本具备从事出版选题策划、编辑校对、设计制作等工作的能力，能够胜任出版专业基础性工作。

3. 具备大学专科及以上学历。

（二）编辑

1. 具有一定的马克思主义理论水平，掌握出版专业基础理论和专业知识，有一定的出版学术水平。

2. 熟悉出版工作规律，有一定的出版选题策划、编辑校对、设计制作等实践经验，能够独立开展某一方面的出版专业工作，能基本解决工作中的疑难问题，基本能创造性地开展工作。

3. 能够指导初级出版专业技术人员开展工作。

4. 具备博士学位；或具备硕士学位，从事出版专业工作满 1 年；或具备双学士学位、第二学士学位或研究生班毕业，从事出版专业工作满 2 年；或具备大学本科学历或学士学位，从事出版专业工作满 4 年；或具备大学专科学历，从事出版专业工作满 5 年。

（三）副编审

1. 具有相当的马克思主义理论水平，全面掌握出版专业理论和专业知识，有一定的出版学术造诣。

2. 全面掌握出版工作规律，有较深厚扎实的出版选题策划、编辑校对、设计制作等实践功底，出版工作经验比较丰富，能解决工作中的疑难问题，能够创造性地开展工作，工作业绩显著，参与出版了为社会所认可的、有一定影响力的出版物，或参与开展了有一定行业影响力的出版工程项目等。

3. 是出版专业领域的业务骨干，具有指导、培养中级及以下出版专业技术人员的能力。

4. 取得一定的出版相关理论研究成果，或主持完成出版相关行业标准、研究课题、调研报告等。

5. 具备博士学位，从事出版专业工作满 2 年；或具备大学本科及以上学历或学士及以上学位，取得编辑职称后，从事出版专业工作满 5 年。

（四）编审

1. 具有较高的马克思主义理论水平，系统掌握出版专业理论和专业知识，有较高的出版学术造诣。

2. 系统掌握出版工作规律，有深厚扎实的出版选题策划、编辑校对、设计制作等实践功底，出版工作经验丰富，能解决工作中的重大疑难问题，在出版工作方面有重大创新，工作业绩卓著，在出版界有一定影响，主持出版了为社会所认可的、有较大影响力的出版物，或主持开展了有较大行业影响力的出版工程项目等。

3. 是出版专业领域的业务带头人，具有指导、培养副高级及以下出版专业技术人员的能力。

4. 取得重大出版相关理论研究成果，或其他创造性出版相关研究成果，推动出版业发展。

5. 具备大学本科及以上学历或学士及以上学位，取得副编审职称后，从事出版专业工作满 5 年。

不具备上述规定的学历、年限等要求，业绩突出、作出重要贡献的，可破格申报，具体办法由各地区、各有关部门和单位另行制定。

（十）人力资源社会保障部　中国外文局关于深化翻译专业人员职称制度改革的指导意见

各省、自治区、直辖市及新疆生产建设兵团人力资源社会保障厅（局）、外事办公室，国务院各部委、各直属机构人事部门，各中央企业人事部门：

翻译专业人员是专业技术人才队伍的重要组成部分，是推动我国对外开放和国际交流合作、增强国家文化软实力的重要力量。为贯彻落实中共中央办公厅、国务院办公厅印发的《关于深化职称制度改革的意见》，现就深化翻译专业人员职称制度改革提出如下指导意见。

一、总体要求

（一）指导思想

以习近平新时代中国特色社会主义思想为指导，全面贯彻落实党的十九大和十九届二中、三中全会精神，认真落实党中央、国务院决策部署和深化职称制度改革总体要求，遵循翻译专业人员成长规律，健全完善符合翻译专业人员职业特点的职称制度，科学客观公正评价翻译专业人员，为培养造就高水平的翻译人才服务，为构建中国对外话语体系，推进"一带一路"建设，实现更高水平开放提供人才支撑。

（二）基本原则

1. 坚持服务发展。围绕新时代构建中国对外话语体系对翻译工作提出的新要求，聚焦提升翻译专业人员专业能力和职业素养，扎实开展翻译人才培养与评价工作，进一步推进国际交流与合作。

2. 坚持科学公正。创新评价机制，丰富评价方式，注重职称评价的公正性和客观性，突出评价翻译专业人员的品德、能力和业绩，破除唯学历、唯资历、唯论文、唯奖项倾向，充分激发翻译专业人员的创新性和创造性。

3. 坚持以用为本。促进翻译专业学位教育、职业资格制度和职称制度相衔接，促进职称制度与用人制度相衔接，使人才培养、评价与使用相结合，更好促进翻译专业人员的职业发展。

4. 坚持与时俱进。引导翻译专业人员密切关注翻译行业发展变化，及时学习运用翻译新技术，促进人工智能技术与翻译行业深度融合，不断提升翻译质量和效率，推动翻译职称评价结果国际互认，加快翻译行业发展和中华文化对外传播。

二、主要内容

通过健全制度体系、完善评价标准、创新评价机制、促进职称制度与用人制度相衔接等措施，建立科学化、规范化的翻译专业人员职称制度。

（一）健全制度体系

1. 统一职称名称。翻译专业人员职称设初级、中级、高级，高级分设副高级和正高级。初级、中级、副高级、正高级的名称分别为三级翻译、二级翻译、一级翻译、译审。原助理翻译、三级翻译统一对应三级翻译，原翻译、二级翻译统一对应二级翻译，原副译审、一级翻译统一对应一级翻译，原译审、资深翻译统一对应译审。

2. 完善考试体系。根据经济社会发展和行业需求，适时增加在国际交往中使用频次高、范围广、行业需求迫切、学习和从业者众多的考试语种。适时调整考试科目设置，探索开设行业类翻译考试。完善同声传译类考试，通过同声传译考试并符合相应任职条件的人员，可申报评审副高级职称。

3. 事业单位翻译专业人员职称与专业技术岗位等级相对应。译审对应专业技术岗位一至四级，一级翻译对应专业技术岗位五至七级，二级翻译对应专业技术岗位八至十级，三级翻译对应专业技术岗位十一至十三级。

（二）完善评价标准

1. 坚持德才兼备，以德为先。坚持把品德放在评价的首位，通过年度考核、群众评议等方式加强对翻译专业人员职业道德的评价，强化翻译专业人员的爱国情怀和社会责任，倡导实事求是、精益求精的专业精神和谦虚好学、严谨求实的学术风气，突出评价翻译专业人员弘扬社会主义核心价值观、挖掘和推广中华优秀传统文化的业绩贡献。

2. 实行分类评价。坚持共通性与特殊性、水平业绩与发展潜力、定性与定量评价相结合，分类制定科学合理、各有侧重的评价标准。不把荣誉性称号作为职称评价的限制性条件，注重考察翻译专业人员的实际贡献。适应人工智能新技术推动翻译模式升级的发展趋势，注重对译后编辑能力、人机耦合与互动、创造力与分析能力等方面的考察。

3. 实行国家标准、地区标准和单位标准相结合。人力资源社会保障部和中国外文出版发行事业局（以下简称中国外文局）负责制定《翻译专业人员职称评价基本标准》（附后）。各省（区、市）可根据本地区经济社会发展情况，制定地区标准。具备自主评审权的用人单位可结合本单位实际，制定单位标准。地区标准和单位标准不得低于国家标准。

（三）创新评价机制

1. 丰富评价方式。国家统一考试的语种，初级、中级职称实行以考代评，不再进行相应语种的职称评审或认定；副高级职称采取考试与评审相结合方式，考试成绩合格后方可参加职称评审；正高级职称一般采取专家评审方式。尚未实行国家统一考试的语种，各级别职称仍实行专家评审或认定。

2. 畅通职称评价渠道。进一步破除人才发展体制机制障碍，打破户籍、地域、所有制、身份等条件的制约，创造便利条件，通过多种渠道受理非公有制经济组织、社会组织、自由职业翻译专业人员职称申报。依托具备较强服务能力和水平的专业化人才评价机构、行业协会学会等社会组织，组建翻译系列职称社会化评审机构，推进翻译系列职称社会化评审。

3. 建立职称评审绿色通道。对在外交、经济和社会各项事业发展中作出重大贡献，推动翻译行业发展取得重要成果的翻译专业人员，可适当放宽学历、资历、年限等条件限制，直接申报评审正高级职称。

4. 明确职称评审权限。各省（区、市）、国务院有关部门、中央有关企业等可按有关规定成立翻译系列高级职称评审委员会。国务院有关部门和中央企业成立的高级职称评审委员会报人力资源社会保障部核准备案。其他高级职称评审委员会报省级人力资源社会保障部门核准备案。社会化评审机构成立的职称评审委员会按程序报相应人力资源社会保障部门核准备案，其职称评审结果纳入政府人才评价管理体系。不具备高级职称评审委员会组建条件的地区或单位，可以委托中国外文局统一评审。

5. 推动翻译职称评价结果的国际互认。适应国家扩大对外开放需要，探索在条件成熟的国家和地区开设翻译专业资格考试考点，积极推动翻译资格评价结果国际互认，有效促进中外文化交流。

（四）促进职称制度与人才培养使用相衔接

1. 促进翻译专业人员职称评价与人才使用相衔接。鼓励用人单位结合用人需求，根据职称评价结果合理使用翻译专业人员，实现职称评价结果与翻译专业人员聘用、考核、晋升等用人制度相衔接。对于全面实行岗位管理的事业单位，一般应在岗位结构比例内开展职称评审。不实行事业单位岗位管理的用人单位，可根据工作需要择优聘任具有相应职称的翻译专业人员。

2. 促进翻译专业人员职称评价与人才培养相结合。推动翻译专业人员职称制度与翻译专业学位教育有机衔接，充分发挥职称制度对提高翻译人才培养质量的导向作用。鼓励高校从事翻译教学与研究的教师参加翻译系列职称评审。鼓励翻译专业人员参加继续教育，更新知识，提高水平。

（五）加强职称评审监督和服务

1. 加强职称评审委员会建设。健全职称评审委员会工作程序和评审规则，加强专家库建设，完善专家遴选机制，积极吸纳高等院校专家及从事翻译实践的专家，定期对专家库进行更新，提高职称评审的公平性和权威性。

2. 严肃职称评审工作纪律。建立职称评审公开制度，实行政策公开、标准公开、程序公开、结果公开，加强对评价全过程的监督管理。完善职称评审回避制度、公示制度，建立复查、投诉和倒查追责机制。探索建立职称评审诚信档案，对申报材料弄虚作假的实行"一票否决制"。对不能正确行使评审权、不能确保评审质量的，暂停自主评审工作直至收回评审权。

3. 优化职称评审服务。坚持公开透明、及时快捷、便民服务的原则，加快评审信息化建设，建立职称网上申报和评审系统，简化职称申报手续和审核环节，减少各类纸质证明材料。

三、组织实施

（一）加强组织领导。翻译专业人员职称制度改革是分类推进职称制度改革的重要内容，政策性强，涉及面广。各地人力资源社会保障部门和有关部门要高度重视，加强领导，明确责任，密切配合，确保翻译专业人员职称制度改革平稳推进。改革中要及时总结经验，及时研究解决新情况、新问题，妥善处理好改革、发展和稳定的关系。

（二）稳慎推进改革。各地、各有关部门要结合实际，落实好各项改革举措，妥善做好新旧政策衔接工作，按照改革前后的职称对应关系将现有翻译专业人员直接过渡到新的职称体系。在平稳过渡的基础上，严格按照本意见开展各级别新的职称评审工作。

（三）做好宣传引导。要加强宣传引导，搞好政策解读，充分调动翻译专业人员的积极性，引导广大翻译专业人员积极支持和参与翻译专业人员职称制度改革，营造有利于翻译专业人员职称制度改革的良好氛围。

本意见适用于各类语种的翻译专业人员。少数民族语言文字翻译和手语翻译参照本意见执行。

附件：翻译专业人员职称评价基本标准

附件

翻译专业人员职称评价基本标准

一、遵守中华人民共和国宪法和法律法规，贯彻落实党和国家方针政策。

二、具有良好的职业道德、敬业精神，具有推动翻译行业发展的职业使命感，具备相应的翻译专业能力和业务技能。

三、热爱本职工作，认真履行岗位职责，积极参加继续教育。

四、翻译专业人员申报各级别职称，除必须达到上述基本条件外，还应分别具备以下条件：

（一）三级翻译

能完成一般性口译或笔译工作。从事口译者应能够基本表达交谈各方原意，语音、语调基本正确；从事笔译者应表达一般难度的原文内容，语法基本正确、文字比较通顺。

（二）二级翻译

1. 具有比较系统的外语基础知识和翻译理论知识。

2. 能够独立承担本专业具有一定难度的口译或笔译工作，语言流畅、译文准确。

（三）一级翻译

1. 熟悉中国和相关语言国家的文化背景，中外文语言功底扎实。

2. 胜任范围较广、难度较大的翻译专业工作，能够承担重要场合的口译或者译文定稿工作，解决翻译工作中的疑难问题。

3. 对翻译实践或者理论有所研究，对原文有较强的理解能力，具有较强的中外文表达能力，有正式出版的译著或者公开发表的译文。

4. 翻译业绩突出，能够组织、指导三级翻译、二级翻译等翻译专业人员完成各项翻译任务。

5. 翻译业务考评和年度综合考核均为合格及以上等次。

6. 具备博士学位，取得二级翻译职称后，从事翻译工作满 2 年；或具备翻译相关专业硕士学位，取得二级翻译职称后，从事翻译工作满 3 年；或具备翻译相关专业双学士学位或研究生班毕业，取得二级翻译职称后，从事翻译工作满 4 年；或具备非翻译相关专业硕士学位、大学本科学历或学士学位，取得二级翻译职称后，从事翻译工作满 5 年；或取得同声传译翻译专业资格证书且满足上述学历和年限要求。

翻译相关专业指外国语言文学学科和翻译学科所包含的各专业，及中国语言文学学科下的中国少数民族语言文学专业。

（四）译审

1. 知识广博，熟悉中国和相关语言国家的文化背景，中外文语言功底深厚。

2. 胜任高难度的翻译专业工作，能够解决翻译专业工作中的重大疑难问题，具有较强的审定重要事项翻译稿件的能力，或者承担重要谈判、国际会议的口译工作能力。

3. 译风严谨，译文能表达原作的风格。

4. 对翻译专业理论有深入研究，组织、指导翻译专业人员出色完成各项翻译任务，在翻译人才培养方面卓有成效。

5. 翻译成果显著，翻译业务考评和年度综合考核均为合格以上等次。

6. 一般应具备大学本科及以上学历或学士以上学位，取得一级翻译职称后，从事翻译工作满 5 年。